ARGANÖL
Das Kochbuch

Stefan Wiertz

ARGANÖL
Das Kochbuch

Entdecken und genießen Sie das Gold Marokkos

südwest

Inhalt

Einleitung   7
Erfahren Sie mehr über das flüssige Gold Marokkos und die Gewürze und Zutaten, die den Geschmack von 1001 Nacht ausmachen.

Arganöl – was ist das?   8
Gewürze und Basics   12

Vorspeisen und Snacks   25
Feine Köstlichkeiten, die nicht nur den Auftakt eines Menüs bilden, sondern auch in beliebiger Zusammenstellung ein Büfett füllen können.

Suppen   47
Heißes, Kaltes oder Scharfes aus einem Topf – in jedem Fall das gewisse Etwas mit dem feinen Aroma des Arganöls.

Salate   63
Für jeden Anlass das Richtige: klassische, fruchtige oder raffinierte Kreationen, die als Beilage, Vorspeise oder Zwischenmahlzeit dienen können.

Fisch   81
Hier sorgen die frische Brise des Meeres und die raffinierten Varianten von Gemüsegerichten für Abwechslung auf dem Teller.

Fleisch   105
Roh, gebraten, geschmort oder gebacken – diese aromatischen Gerichte verwöhnen Ihre Gäste und Ihren Gaumen.

Süßes   125
Den krönenden Abschluss bilden süße Klassiker im neuen Arganöl-Gewand – eine Verführung für die süßen Sinne.

Rezeptregister   142
Über dieses Buch   144

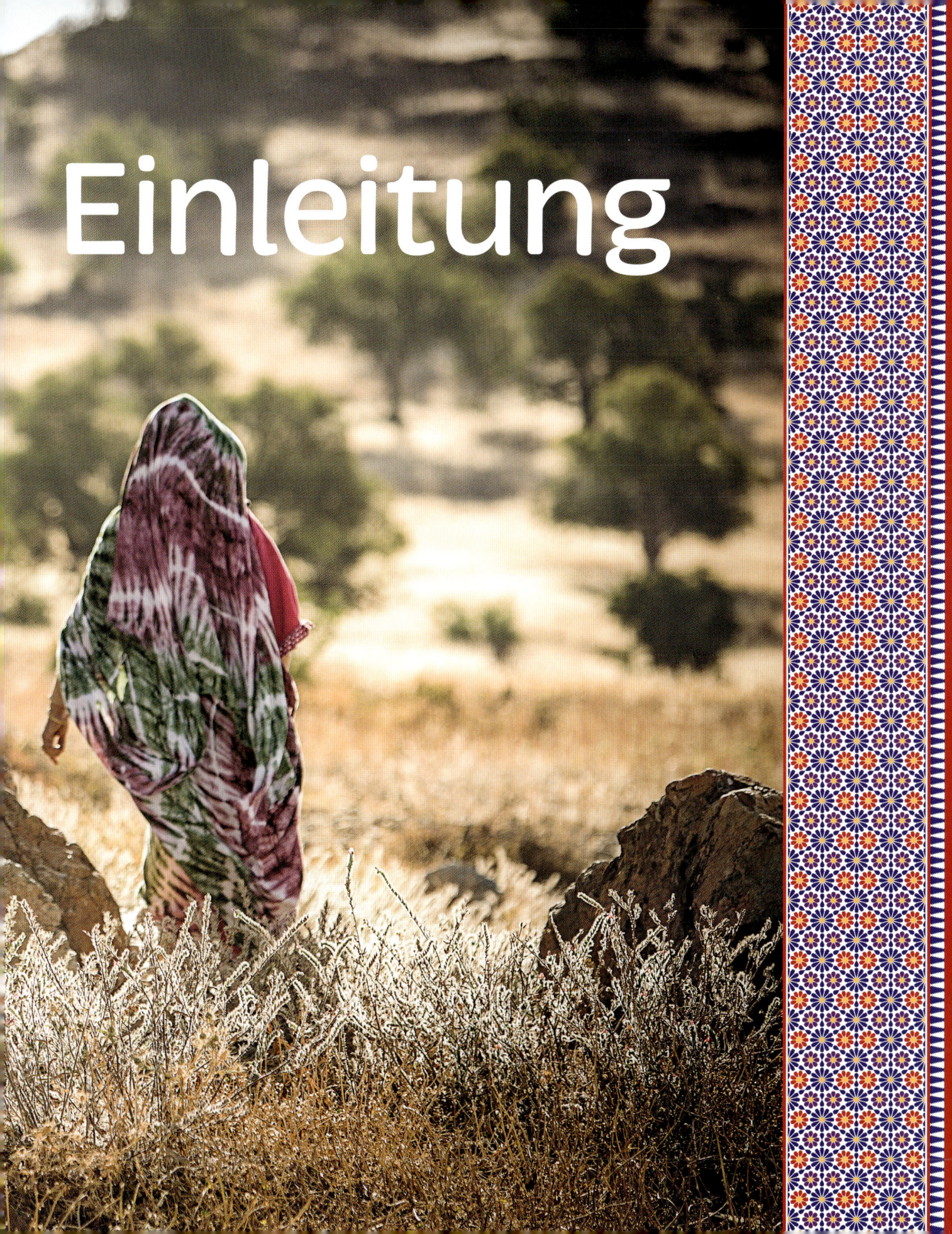

Einleitung

Arganöl – was ist das?

Der Arganbaum ist nachweislich einer der ältesten Bäume der Welt. Bereits vor 80 Millionen Jahren wuchs er in Südmarokko und wurde erstmals schriftlich im Jahr 1219 durch den Arzt Ibn Al Baytar erwähnt. Heute wachsen Arganbäume nur noch in einer einzigen Region auf der Welt, und zwar im Südwesten Marokkos. 1988 erklärte die Unesco diese Region zum Biosphärenreservat. Neben der Aufforstung haben sich dort verschiedene Frauenkooperativen hauptsächlich auf die Herstellung und Vermarktung des Arganöles spezialisiert. Und hier kommen die Macher von Argand'Or ins Spiel.

Das Gold der Berber

Bei Argand'Or wollte man Arganöl, das sogenannte „Gold der Berber", in seiner ursprünglichen Qualität auf den Markt bringen. Auf der Suche nach authentischem, handgepresstem Bio-Arganöl fanden sich jedoch meist nur industriell erzeugte Arganöle. Fündig wurden sie in den Dörfern der Amazigh-Berber. Hier hat sich der größte Teil der Berberfrauen, die noch die Fertigkeit der Herstellung von original handgepresstem Arganöl beherrschen, in Kooperativen zusammengeschlossen. In Zusammenarbeit mit der UCFA (Union des Coopératives

des Femmes de L'Arganeraie) und der GIZ (Gesellschaft für Internationale Zusammenarbeit) ist Argand'Or nun in der glücklichen Lage, diesen kostbaren Schatz der Natur in seiner Ursprünglichkeit fair zu produzieren und nachhaltig zu bewahren.

Ursprüngliche Handpressung

Arganöl ist teuer, keine Frage. Denn bei der ursprünglichen Handpressung durch die Berberfrauen wird aus 30 Kilogramm Argannüssen, dem Ernteertrag von fünf Bäumen, genau 1 Liter bestes Arganöl gepresst. Hierzu werden die luftgetrockneten, geschälten Nüsse mit etwas abgekochtem Wasser zu einem Brei geknetet und anschließend mit Steinmühlen von Hand gepresst.

Arganöl oder gar der Arganbaum war und ist außerhalb von Marokko immer noch ein Geheimtipp.

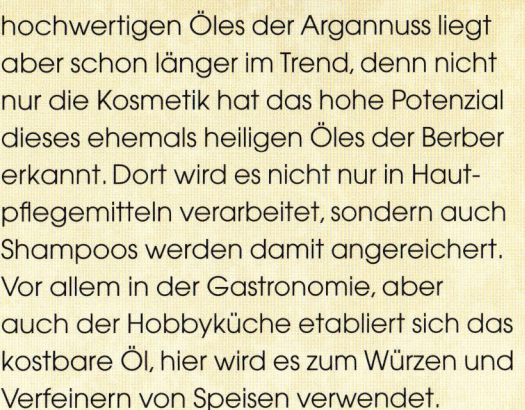

Der Einsatz des hochwertigen Öles der Argannuss liegt aber schon länger im Trend, denn nicht nur die Kosmetik hat das hohe Potenzial dieses ehemals heiligen Öles der Berber erkannt. Dort wird es nicht nur in Hautpflegemitteln verarbeitet, sondern auch Shampoos werden damit angereichert. Vor allem in der Gastronomie, aber auch der Hobbyküche etabliert sich das kostbare Öl, hier wird es zum Würzen und Verfeinern von Speisen verwendet.

Am Arganbaum wachsen die leuchtend gelben Früchte, in deren Innerem die begehrten harten Mandeln stecken. Am Boden liegend und unter dem Einfluss der Sonne schrumpft die Frucht um die Hälfte ihrer Größe. Das strahlende Gelb weicht einem tiefen Braun.

Als Erstes trennen die Frauen der Kooperative mit geschickten Handgriffen die Schale von der Mandel. Nach dem Trommelrösten werden die Mandeln mithilfe der Steinmühle zu einem fließenden Brei gemahlen. Dieser wird unter Zugabe von ein wenig frischem Quellwasser zu einem Teig geknetet, aus dem dann nach und nach das Öl entweicht.

Zum Kochen eignet sich besonders gut eine Mischung aus Argan- und Olivenöl, die es fertig im Handel zu kaufen gibt. Für die kalte Küche und zum Verfeinern verwende ich gerne geröstetes Arganöl. Beide Öle sind erhältlich bei Argand'Or (www.argandor.de).

In der Ernährungswissenschaft wird auch immer öfter von der hervorragenden cholesterinsenkenden Eigenschaft des Arganöles berichtet. Mehr Informationen dazu finden Sie im Buch auf Seite 138ff. Für mich als Genussnomade stehen der Genuss und das Handling durch die Nomaden im Vordergrund. Denn sprichwörtlich mussten die Nomaden der Vergangenheit den verfügbaren Nahrungsmitteln und dem Wasser hinterherwandern, um zu überleben.

Der Genussnomade ist hier auch auf der kulinarischen Reise zu besonderen Genüssen unterwegs, die er dann gerne mit der Genießerwelt teilt.

Orientalische Küche

Die Rezepte in diesem Buch sind beeinflusst von der orientalisch-marokkanischen Küche, aber mit heimischen Produkten kombiniert. Vor allem die vielfältigen Gewürze mit ihren einzigartigen Aromen harmonieren gut mit dem Arganölgeschmack – kommen Sie mit auf eine Reise durch den Orient!

Ich selbst habe mich auf diese Reise begeben und mich vor Ort kulinarisch beeinflussen lassen. Und so wie jede Reise mit dem ersten Schritt beginnt, so

beginnt eine kulinarische Reise durch Marokko mit dem morgendlichen Duft des frischen Minztees (inklusive reichlich Zucker). Diese robuste Minze begleitet den Marokkoreisenden vom Getränk bis zum Dessert (siehe Seite 13).

Kulinarische Reisen

In der Folge trifft man auf allgegenwärtige Schmoraromen aus brodelnden Töpfen und von heißen Grillrosten am Straßenrand. Frisches Obst und Gemüse stehen genauso auf meiner Einkaufsliste wie Fleisch und Fisch für opulente Gerichte. Wichtig war mir bei der Gestaltung der Rezepte eine Symbiose zwischen den Einflüssen des Orients und dem täglichen gewohnten Umgang in der heimischen Küche. So trifft Kreuzkümmel, Zimt und Kardamom auf klassische europäische Kochkultur. Jedes Rezept ist auch eine kulinarische Reise.

Ich kann Ihnen nur ans Herz legen, diese (kulinarischen) Reisen im Kreise hrer Freunde zu unternehmen, denn gemeinsam Erlebtes und Genossenes verbindet über den Tellerrand hinaus und dient als Basis für Ihre folgenden Eigenkreationen. Mit jedem Tropfen Arganöl ehrt man auch die hingebungsvolle Arbeit aller Beteiligten in diesem einzigartigen Handarbeitsprozess vom Baum in die Flasche. Somit ist diese Art des Genusses auch ein nachhaltiger Prozess im Umgang mit Vorhandenem.

Gewürze und Basics

Dem Geschmack von 1001 Nacht auf der Spur: Kommen Sie mit auf meine Reise durch die Souks – die arabischen Märkte von Marokko – und tauchen Sie mit ein in die Geheimnisse der orientalischen Küche. Schade für Sie als Leser, dass es noch kein Geruchsbuch gibt!

Kleine Gewürz- und Zutatenreise

Im Folgenden erfahren Sie etwas über die verwendeten Zutaten und Gewürze, die den Gerichten im Buch ihr besonderes Aroma verleihen. Mittlerweile erhält man sie leicht auch in hiesigen Läden.

Anissamen

Die nach Lakritz schmeckenden hellen Samen werden häufig als Brot- und Backwarengewürz genutzt. Aber auch Süßspeisen oder diversen Anislikören verleihen sie ihren spezifischen Geschmack.

Granatapfel

Gerne gibt man die Kerne des Granatapfels über Obstsalate oder presst die Granatäpfel aus und erhält einen aromatischen, sehr Vitamin-C-haltigen Saft. Diesen kann man auch als Färbemittel für Süßspeisen verwenden.

Harissa

Dieser scharfen Grundpaste begegnet man auf Schritt und Tritt im kulinarischen Marokko. Die Grundzutaten von Harissa sind Chilis, Kreuzkümmel, Knoblauch, Koriandersamen, Salz und Olivenöl. Eine ganz besondere Mischung dieser Basispaste stellt man natürlich mit Arganöl statt mit Olivenöl her. (Basisrezept siehe Seite 22.)

Gereicht wird Harissa zu Brot, sie dient als Grundgewürz zur Herstellung von Schmorgerichten und verleiht Saucen ein markantes Aroma.

Eingelegte Zitronen

Die in Salz eingelegten Zitronen finden als Aromageber in diversen Gerichten ihre Verwendung. Feine Stifte der Schale gibt man z. B. in Fischsaucen oder Salatdressings. Sie passen vor allem zu Schmorgerichten und zu Kurzgebratenem. (Basisrezept siehe Seite 18.)

Honig

Natürlich verwendet man in Marokko sehr gerne den heimischen dickflüssigen Honig des Landes. Diverse aromatische Sorten stehen für die Zubereitung von süßen, aber auch herzhaften Speisen zur

Verfügung. Eine besondere Sorte ist beispielsweise Jujuba-Honig, ein karamellartiger, sehr süßer Honig, gewonnen aus den Blüten der Ziziphus-jujuba-Pflanze. Diese Rarität kostet selbst im Heimatland 30 bis 40 Euro pro Kilogramm. Besonders ist auch Minzhonig, eine Honigmischung für Getränke und Süßwaren.

Minze

Ob getrocknet oder frisch, ohne Minze geht in der marokkanischen Küche rein gar nichts. Angefangen vom täglichen frisch aufgebrühten Minztee bis zum traditionell aromatisierten Ziegenkäse mit

Überall in den Straßen von Marrakesch findet man üppig dekorierte Gewürzläden und Stände: Hier duftet es nach Vanille, Zimt und Weihrauch.

getrockneter Minze: Frische Minze wird genauso wie glatte Petersilie gern und häufig verwendet.

Ingwer

In der traditionellen Küche Marokkos spielt nur der getrocknete Ingwer eine Rolle. Ich bevorzuge jedoch den fein gewürfelten frischen Ingwer, der Gerichten ein entsprechendes Aroma verleiht.

Koriander

Koriander ist der Grundgeschmack der traditionellen marokkanischen Küche. Die fein gemahlenen Koriandersamen werden hier in der Hauptsache verwendet, verfeinern Fleisch- und Gemüsegerichte. Versuchen Sie es jedoch auch einmal mit frischem Koriandergrün.

Kreuzkümmel

Kreuzkümmel umspielt den Gaumen mit seinem warm-süßlichen Aroma. Gemischt mit Salz wird der Kreuzkümmel gerne zum Nachwürzen gereicht.

Paprikapulver

Verwendet wird am häufigsten mildes bis edelsüßes Paprikapulver, welches in der Regel aus Spanien stammt.

Ras el Hanout

In der wörtlichen Übersetzung bedeutet Ras el Hanout „der Kopf des Ladens". Dies bezieht sich auf den Inhaber des Gewürzladens, da nur er die genauen Zutaten und deren Mischungsverhältnis kennt. Es handelt sich dabei um eine umfangreiche Gewürzmischung mit bis zu 25 Grundzutaten, allen voran Muskatnuss und Macis (Muskatblüte). Daneben finden sich häufig Sternanis, Ingwer, Chili, Nelken und Koriander in Ras el Hanout. Es eignet sich besonders zum Würzen von Couscous und Fleischgerichten.

Alle Gewürze auf diesem Teller finden in einem typischen marokkanischen Mahl ihre Verwendung. Der Duft und die Farbe des Safrans schmeicheln Geflügel. Zimt und Kardamom umspielen Couscous. Somit trägt man die Eindrücke jedes Einkaufs mit bis auf den Teller.

Thymian

Der frische gezupfte Thymian bildet eine aromatische Basis in traditionellen Fleischgerichten. Getrockneter Thymian verleiht Butterschmalz (Basisrezept siehe Seite 20) eine feine Note.

Oregano

Wird in getrockneter Form gerne sanft garendem Fleisch zusammen mit Thymian zugegeben.

Zimt

Die Rinde des Zimtbaumes wird sowohl gerne als Stange wie auch gemahlen verwendet. Je feiner die Wände der Zimtstange, umso feiner deren Aroma.

Rosenwasser / Orangenwasser

Das ursprünglich aus Persien stammende Rosendestillat findet in der marokkanischen Küche zur Verfeinerung von diversen Speisen Verwendung. Auch Orangenwasser spielt bei der Zubereitung traditioneller Süßspeisen eine große Rolle. Am häufigsten begegnet man den Destillaten jedoch in Getränken. Auch Panna cotta oder Parfait kann man mit Orangenwasser aromatisieren.

Safran

Die feinen Samenfäden einer Krokusart werden weltweit als eines der teuersten Gewürze gehandelt. In der marokkanischen Küche wird hauptsächlich der gemahlene Safran verwendet. Durch sein intensives Aroma und seine Farbgebung verleiht der Safran schon in kleinsten Mengen jedem Gericht eine wunderbare Note.

Salz

Gerne greift man auf das Salz des eigenen Landes zurück, da dieses meist grobe Meersalz von bester Qualität unschlagbar ist. Aus bis zu 80 verschiedenen Spurenelementen und Mineralien kann naturbelassenes Meersalz bestehen, das macht es so geschmackvoll.

Oliven und Trockenfrüchte

Ob mit Salz getrocknet oder in Öl und Essig mariniert – Oliven findet man auf jedem Markt. Die kleinen aromatischen Sorten verwende ich gerne in Salaten oder zu Schmorgerichten. Ganz hervorragend schmecken sie mariniert: mit viel frischem Zitronensaft und Knoblauch. Getrockneten Früchten begegnet man in der traditionellen marokkanischen Küche auf Schritt und Tritt. Sie dienen in der Tajine als Aromageber wie in der europäischen Küche das Wurzelgemüse. Ich liebe zu Fleisch besonders die süße Note von getrockneten Aprikosen mit einer feinen Zimtnote und reichlich Koriandergrün.

Amlou

Auf meiner Marokkoreise verschmolz für mich das Exotische mit dem Alltäglichen. Ich habe versucht, die Schönheit und die Eindrücke mit der Einfachheit meines eigenen Kochstils zu verknüpfen und die Rezepte für Sie umsetzbar zu machen. Sehr subtil spiele ich hierbei mit den verschiedenen Geschmacksrichtungen und verknüpfe Saures mit Salzigem sowie Kräuter mit Mariniertem. Hier ein Spritzer Zitronensaft, da eine Spur Minze oder der Geschmack der Olive und das tiefe Aroma des Arganöls.

In der Ruhe und Abgeschiedenheit der Berg-Kooperativen im Hohen Atlas

spürt man das Glück der Menschen, die durch ihrer Hände Arbeit einen der letzten Schätze der Natur be- und verarbeiten. Und sie verstehen es aufs Trefflichste, dem Gast das Gefühl des Willkommenseins zu vermitteln. Dargereichter frischer Minztee und selbst gebackenes Brot, Honig und Arganöl münden im hausgemachten Amlou.

Amlou ist das afrikanische Gegenstück zur bekannten Erdnussbutter, wird aber durch die Zugabe von handgepresstem Arganöl zu einem wahren Aromenschatz und kann nicht nur als Brotaufstrich oder süßer Begleiter eingesetzt werden. Wer das zu Hause probieren will, der gibt 250 Gramm Mandeln und 150 Milliliter Arganöl, 4 Esslöffel Argan-Honig sowie etwas Zitronenabrieb in den Mixer und püriert das Ganze. Anschließend das Amlou in ein Weckglas füllen. Darin hält es sich, aufbewahrt an einem kühlen Ort, mindestens 2 Monate.

Bei jedem Gang über die Märkte und die engen Gassen der Souks findet man besonders üppige Auslagen, die einen zum Einkauf einladen. Nase und Augen kommen hierbei kaum zur Ruhe und ergötzen sich an der bunten Vielfalt des Angebotes. Gerne reichen einem die Händler ihre Köstlichkeiten zum Probieren. Es dürfte jedem Genießer schwerfallen, hier zu widerstehen.

Basisrezept
Eingelegte Zitronen

In Marokko werden diverse Gerichte mit der Schale von eingelegten Zitronen verfeinert. Diese Art der eingelegten Zitronen sind in jedem Fall eine wundervoll aromatische Zutat und auch ein schönes Geschenk für Freunde.

Für den Vorrat

1 großes Weckglas inkl. Verschlussdeckel
12 unbehandelte Zitronen
2 EL grobes Salz

Zubereitungszeit 30 Minuten plus 4 Wochen Ziehzeit

1 Weckglas und Deckel in kochendem Wasser 10 Minuten sterilisieren. Das Weckglas erst kurz vor dem Befüllen aus dem kochenden Wasser nehmen.

2 Zitronen unter warmem Wasser mit einem Tuch kräftig abwaschen.

Basisrezept Mayonnaise

3 10 Zitronen vom Stielende bis zur Wachstumsseite der Länge nach so einritzen, als wollte man die Zitrone vierteln. Die Hälfte der Zitronen in das Weckglas geben. 1 guten Esslöffel Salz zwischen die Zitronen schichten und die restlichen Zitronen in das Glas geben.

4 Zwischen die einzelnen Zitronen im Glas nochmals 1 guten Esslöffel grobes Salz verteilen. 2 Zitronen auspressen und den Saft in das Weckglas füllen. So viel kochendes Wasser zugeben, bis die Zitronen bedeckt sind.

5 Nun sollten die Zitronen verschlossen ca. 4 Wochen unter regelmäßigem Schütteln (alle 2 bis 4 Tage) ziehen.

6 Zum Kochen nimmt man 1 eingelegte Zitrone aus dem Glas, wäscht diese unter kaltem Wasser gut ab, entfernt mit einem Löffel das Fruchtfleisch und schneidet die Schale in feine Streifen oder würfelt diese je nach anschließender Verwendung.

Tipp Zu den eingelegten Zitronen passen sehr gut als Zugabe ins Glas:
1 frisches Lorbeerblatt
1 TL grüne Kardamomkapseln
1 EL Arganöl

Für 4 bis 6 Personen
4 Eigelb
½ l geröstetes Arganöl
etwas Meersalz

Zubereitungszeit 10 Minuten

Die Basismayonnaise mit Arganöl ist fein würzig und schmeckt prima anstelle von Butter. Sie setzt das i-Tüpfelchen auf orientalisch belegte Sandwiches und kann als Grundlage für Dressings verwendet werden (Carpaccio Caesar Style, siehe Rezept Seite 106).

1 Eigelbe, Arganöl und Salz in einem hohen Gefäß mit einem Stabmixer unter langsamem Mixen zu einer geschmeidigen Mayonnaise aufschäumen.

Tipp Wunderbar lässt sich die Basismayonnaise verfeinern mit folgenden Zutaten:
Schale von 1 eingelegten Zitrone, fein gewürfelt
1 TL frischer Ingwer, fein gewürfelt
1 TL Cayennepfeffer
etwas Zitronensaft

Basisrezept
Smen – Butterschmalz

In der traditionellen Küche Marokkos wird außer mit Arganöl sehr gerne mit Butterschmalz gekocht. Dieses Butterschmalz (Smen) wird in den Haushalten selbst hergestellt und ist in einem verschlossenen Glas unter Kühlung über Monate haltbar.

1 Die Butter in einem Topf auf niedrigster Temperatur erhitzen. 25-30 Minuten köcheln lassen.

2 Eine Schüssel mit einem Seihtuch (Musselin) auslegen. Die flüssige Butter vorsichtig und langsam durch das Seihtuch (Musselin) filtern. Die abgesetzte Molke entfernen. Man kann Smen pur verwenden oder aromatisieren.

3 Für die aromatisierte Version Thymian und Salz in das Seihtuch geben und langsam nach und nach mit der zerlassenen Butter übergießen.

Tipp Smen bezeichnet das hoch begehrte Speiseöl aus Butterschmalz, welches man gerne erst etwas altern bzw. reifen lässt, um einen stärkeren Eigengeschmack zu erhalten. Verwendet wird Smen zur Zubereitung von Suppen und Tajinen sowie zum Marinieren. Zum Kurzbraten von Gemüse verwendet man am besten 1 Teelöffel Smen und 1 Esslöffel Arganöl.

Für den Vorrat
500 g Butter
5 EL getrockneter Thymian
5 EL grobes marokkanisches Salz

Zubereitungszeit 35 Minuten

Basisrezept
Schneller Ausbackteig

Der schnelle Ausbackteig ist besonders gut für Fisch geeignet, weil Fischfilet so beim Backen in Fett sehr saftig bleibt. Aber auch Gemüse lässt sich nach Tempura-Art gut in dem mit Arganöl verfeinerten Ausbackteig backen.

1 Mehl, Weißwein, Eigelbe, Arganöl und Salz in eine Schüssel geben und mit dem Schneebesen zu einem glatten Teig vermischen.

2 Das Eiweiß steif schlagen, unterheben, und sofort ist der Teig zur Verarbeitung bereit.

Für 4 Personen
125 g Mehl, gesiebt
125 ml Weißwein
2 Eigelb
1 EL geröstetes Arganöl
1 TL Meersalz
1 Eiweiß

Zubereitungszeit 10 Minuten

Tipp Dem herzhaften Grundteig kann man auch noch fein geschnittene und trockengetupfte Kräuter hinzufügen. Die zugegebene Menge sollte hierbei jedoch 60 Gramm Frischkräuter nicht überschreiten.
Wenn man diesen Teig für Süßspeisen einsetzen möchte, gibt man einfach 70 Gramm Zucker in den Grundteig und verwendet etwas weniger Salz.

Tipp Ausbackteig kann man natürlich auch einfach mit einem Löffel abstechen und solo in tiefem Fett ausbacken. Noch warm gewürzt, schmeckt er wunderbar als Beilage zu Salaten oder Suppen. Angereichert mit frischen Kräutern sind die Bällchen ein gern genommener Snack für Gäste.

Basisrezept Harissa

Harissa ist in der marokkanischen Küche ein absolutes Muss. Die Hauptzutat sind getrocknete Chilischoten und Knoblauch. Koriander und Kreuzkümmel runden die Chilipaste geschmacklich ab, Arganöl verleiht ihr das gewisse Extra.

1 Die Enden der Chilischoten abschneiden und die Schoten entkernen. Chilischoten mit einem scharfen Messer grob durchhacken und anschließend mit heißem Wasser überbrüht 30 Minuten einweichen lassen.

2 Chilischoten anschließend abgießen und mit den Händen gut ausdrücken. Knoblauch abziehen und grob hacken.

3 Koriander, Kreuzkümmel, Minze, gehackte Knoblauchzehen, Arganöl, Salz, die fein geschnittene Zitronenschale sowie den Zitronensaft zugeben.

4 Alles fein pürieren und in kleine Gläser abfüllen. Die Gläser hierzu vorher in kochendem Wasser 10 Minuten sterilisieren und erst kurz vor dem Befüllen aus dem kochenden Wasser nehmen.

Für den Vorrat

250 g getrocknete Chilischoten
10 Knoblauchzehen
2 EL gemahlener Koriander
2 EL gemahlener Kreuzkümmel
2 EL getrocknete Minze
250 ml Arganöl
1 TL Meersalz
fein geschnittene Schale von
1 eingelegten Zitrone
Saft von 1 Zitrone

Zubereitungszeit 20 Minuten
plus 30 Minuten Einweichzeit

Basisrezept Fenchelsamenmischung

1 Fenchel, Kampot-Pfeffer, Salz und Kardamom in einer beschichteten Pfanne bei mittlerer Hitze unter Rühren 10 Minuten rösten.

2 Anschließend die Fenchelsamenmischung noch heiß nach und nach im Handmörser fein zerstoßen.

Tipp Diese Mischung schmeckt noch leicht warm am besten. Sie passt wunderbar direkt auf Kartoffeln, Fisch oder Fleisch gestreut.

Tipp Die Fenchelsamenmischung kann man für folgende Rezepte verwenden:
Aromenbutter: 250 Gramm handwarme Butter mit dem Handrührgerät schaumig aufschlagen und die Fenchelsamenmischung zugeben. Die schaumige Butter kann man z.B. in Eiswürfelbereiter füllen oder mit Ausstechern schön in Form bringen. Anschließend abgedeckt kühl lagern. Die Butter eignet sich zum Aromatisieren von Suppen, Saucen oder Gemüse.

Eingelegte Tomaten: Die Fenchelsamenmischung mit 500 Gramm getrockneten Tomaten und der Schale von 1 eingelegten Zitrone vermengen. Die Mischung in ein großes Glas geben, mit Arganöl auffüllen und 1 Woche im Kühlschrank marinieren. Vor dem Verzehr auf Raumtemperatur bringen.

Für 4 Personen

3 EL Fenchelsamen
3 EL roter Kampot-Pfeffer
3 EL grobes Meersalz
1 EL grüne Kardamomkapseln

Zubereitungszeit 15 Minuten

Vorspeisen und Snacks

Marokkanisches Tomatenconfit

1 Die Tomaten auf der Unterseite über Kreuz einritzen und mit einem Bunsenbrenner oder über der Gasflamme des Herds rundum abbrennen, bis sich die Haut vom Fruchtfleisch löst. Die Haut abziehen, das Kerngehäuse entfernen und anschließend die Tomaten mit einer groben Reibe reiben.

2 Zwiebeln und Knoblauch abziehen und fein würfeln. Zwiebeln, Knoblauch und Ingwer in einem Topf bei mittlerer Hitze 10-15 Minuten im heißen Argan-Olivenöl glasieren. Tomatenmark zugeben und unter Rühren mit der Zwiebelschmelze verbinden.

3 Zimtstange, Pfeffer, Safran, Salz, Honig und geriebene Tomaten zugeben und unterheben. Bei mittlerer Hitze ohne Deckel 30-40 Minuten köcheln lassen.

Tipp Dieses Confit reicht man zu Brot und verfeinert Fisch und Fleischgerichte damit. Oder man mischt es mit Fisch oder Fleisch zur Füllung von kleinem frittiertem Fingerfood. Je nach Gusto kann man einen Teil des Tomatenconfits unter Zugabe von etwas selbst gemachter Harissa (Basisrezept siehe Seite 22) zu einem scharfen Begleiter wandeln.

Für 4 Personen
2 kg reife Strauchtomaten
4 Zwiebeln
4 Knoblauchzehen
2 EL frischer Ingwer, fein gewürfelt
5 EL Argan-Olivenöl
4 EL Tomatenmark
1 Zimtstange
1 TL schwarzer Pfeffer, frisch gemahlen
1 TL gemahlene Safranfäden
1 TL Meersalz
3 EL Honig

Zubereitungszeit 1 Stunde

Feine frittierte Kartoffelkuchen

1 Kartoffeln waschen und schälen. Kartoffeln grob würfeln und in Wasser gar kochen. Anschließend abgießen und abkühlen lassen.

2 Knoblauch abziehen und fein würfeln. Petersilie und Koriandergrün waschen, trockenschwenken und zupfen. Die Petersilien- und Korianderblättchen grob hacken.

3 Lauwarme Kartoffelwürfel, Knoblauch, Petersilie, Koriander, Arganöl, Kreuzkümmel, Koriander, Fenchelsamen, Cayennepfeffer, Muskat und Salz zu einer homogenen Masse stampfen. Mit einem Esslöffel kleine Nocken abstechen und diese zu kleinen Kuchen formen.

4 Eine Pfanne 5-7 Millimeter hoch mit Rapsöl füllen und erhitzen. Die Kartoffelkuchen darin von beiden Seiten 3-5 Minuten goldbraun ausbacken.

Tipp Die Kartoffelkuchen sind ein aromatischer Snack und Begleiter von Suppen und Salaten. Mit etwas scharfem Harissa (Basisrezept siehe Seite 22) sind sie ein kleines, aber feines Häppchen zu diversen Getränken.

Für 4 Personen
1 kg Kartoffeln
4 Knoblauchzehen
2 Bund Blattpetersilie
2 Bund Koriandergrün
6 EL geröstetes Arganöl
2 TL gemahlener Kreuzkümmel
2 TL gemahlener Koriander
2 TL gemahlene Fenchelsamen
1 TL Cayennepfeffer
1 TL Muskatnuss, frisch gerieben
1 EL Meersalz
Rapsöl zum Braten

Zubereitungszeit 40 Minuten

Kartoffel trifft Krustentier

1 Riesengarnelen waschen, trockentupfen und fein schneiden. Eingelegte Zitrone kalt abwaschen, das Fruchtfleisch herauslöffeln und die Schale in feine Streifen schneiden.

2 Den Teig für die frittierten Kartoffelkuchen zubereiten. Riesengarnelen und Zitronenschale unter die fertige Kartoffelkuchenmasse heben.

3 Mit einem Esslöffel kleine Nocken von der Kartoffel-Garnelen-Masse abstechen und diese mit angefeuchteten Händen zu kleinen Kuchen formen.

4 Eine Pfanne 5-7 Millimeter hoch mit Rapsöl füllen und erhitzen. Die Kartoffelkuchen darin von beiden Seiten 3-5 Minuten goldbraun ausbacken. Zusammen mit einigen frischen Zitronenspalten als Snack reichen.

Tipp Eine schöne Abrundung ergibt sich durch diese Creme: Hierzu 3 Esslöffel Crème fraîche, 1 Esslöffel Zitronensaft, 1 Teelöffel Arganöl sowie etwas Salz und Chilipulver mit dem Schneebesen aufschlagen und mit Zitronenabrieb oder der Schale von eingelegter Zitrone abrunden. Ein feines Zusatzaroma erlangt diese Creme durch das Unterheben von frisch geschnittenem Koriander.

Für 4 Personen
300 g frische Riesengarnelen, gepult und entdarmt
1 eingelegte Zitrone
Grundrezept: Kartoffelkuchen (siehe Seite 27)
Rapsöl zum Braten
einige Zitronenspalten

Zubereitungszeit 45 Minuten

Aromatisch eingelegtes Gemüse

Für 4 Personen

300 g Staudensellerie
300 g Möhren
300 g Salatgurke
300 g Daikon-Rettich
3 rote Zwiebeln
150 g Meersalz
3 eingelegte Zitronen
3 Knoblauchzehen
1 TL geröstete Fenchelsamen
½ TL gemahlener Kreuzkümmel
½ TL Koriandersamen
1 Zimtstange
1 EL brauner Zucker
abgeriebene Schale und Saft von 3 unbehandelten Zitronen
300 ml Apfelessig
3 EL Arganöl

Zubereitungszeit 20 Minuten plus 30 Minuten Ziehzeit und 2-3 Stunden Marinierzeit

1 Staudensellerie waschen, putzen und fein schneiden. Möhren waschen und in feine Scheiben schneiden. Gurken schälen und fein schneiden. Rettich schälen und fein schneiden. Zwiebeln abziehen und klein schneiden.

2 Vorbereitete Gemüsesorten in einer Schüssel mit dem Meersalz mischen und 30 Minuten ziehen lassen. Im Anschluss das Gemüse in einem Sieb unter kaltem Wasser abspülen und anschließend auf Küchenpapier gut abtrocknen.

3 Eingelegte Zitronen kalt abwaschen, das Fruchtfleisch herauslöffeln und die Schale in feine Stifte schneiden. Knoblauch abziehen und in ebenfalls feine Stifte schneiden.

4 Zitronenschale, Knoblauch, Fenchelsamen, Kreuzkümmel, Koriandersamen, Zimtstange, brauner Zucker, Zitronenschale, Zitronensaft, Apfelessig sowie das Arganöl mit dem Gemüse in einer Schüssel gut vermengen. Das Gemüse abgedeckt 2-3 Stunden im Kühlschrank marinieren lassen.

Tipp Man kann dieses Gemüse auch in vorbereiteten Weckgläsern einmachen.

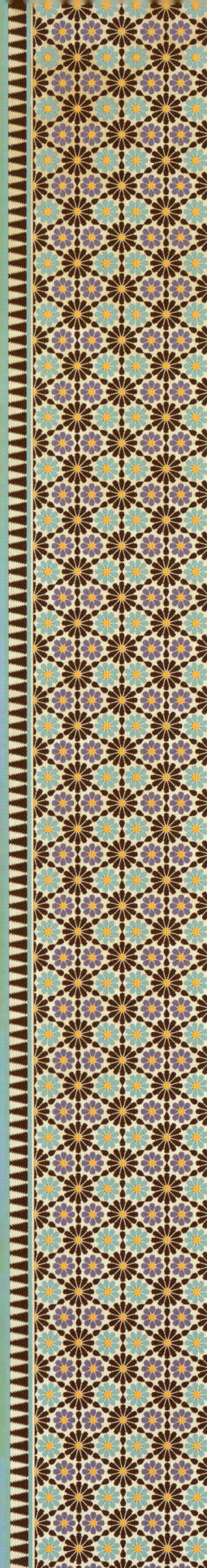

Gegrillte Miniauberginen

1 Miniauberginen waschen und halbieren. Eine Grillpfanne mit etwas Argan-Olivenöl erhitzen und darin die Miniauberginen 5-7 Minuten kross rösten. Auberginen auf eine große Platte legen.

2 Knoblauch abziehen und fein schneiden. Eingelegte Zitronen kalt abwaschen, abtrocknen, das Fruchtfleisch herauslöffeln und die Schale in sehr feine Streifen schneiden.

3 Knoblauch, Zitronenschale, Ingwer, Harissa, Salz und Honig in die noch heiße Grillpfanne geben und 3-5 Minuten unter Rühren anrösten. Mit Zitronensaft ablöschen. Den Sud über die Miniauberginen träufeln und vor dem Servieren 10 Minuten ziehen lassen.

Tipp Je nach Gusto gibt man noch fein gehackte Blattpetersilie oder Koriander dazu. Als Variation können hier auch Zucchini, Gemüsezwiebeln, Paprika, Fleischtomaten oder ebenso Ananas, Orangen und Mangos auf diese Art und Weise zubereitet werden.

Tipp Eine frische Sommernote verleiht diesem Gericht die folgende Salsa: 200 Gramm fein gewürfelte Erdbeeren, 100 Gramm fein gewürfelte getrocknete Aprikosen, 100 Gramm fein gewürfelte rote Zwiebeln, 50 Gramm fein gewürfelte eingelegte Zitronen sowie etwas Salz und Pfeffer gut vermengen.

Für 4 Personen

10 Miniauberginen
Argan-Olivenöl
5 Knoblauchzehen
1 eingelegte Zitrone
1 EL frischer Ingwer, fein gewürfelt
1 TL Harissa
1 TL Meersalz
5 EL Honig
Saft von 2 Zitronen

Zubereitungszeit 30 Minuten

Kichererbsen mit Zwiebeln und Koriander

1 Kichererbsen über ein Sieb abgießen und ca. 200 Milliliter des Abgusses in einen Topf füllen. Die Kichererbsen gut mit kaltem Wasser abspülen und im Sieb abtropfen lassen. Zwiebeln abziehen und fein würfeln. Knoblauch abziehen und fein schneiden.

2 Zwiebeln, Knoblauch und Arganöl zum Kichererbsensud in den Topf geben und bei mittlerer Hitze 20 Minuten leicht weich köcheln lassen. Dann die Kichererbsen zugeben und unter ständigem Rühren bei hoher Hitze weitere 5–7 Minuten mitkochen.

3 Koriandergrün waschen, trockenschwenken und zupfen. Korianderblättchen fein schneiden. Kreuzkümmel, Kurkuma, Pfeffer und Salz zu den Kichererbsen geben. Dann den Topf vom Herd nehmen. Zuletzt das Koriandergrün unter die Kichererbsen heben.

4 Je nach Gusto mit frischen Zitronenspalten, Arganöl und Brot servieren.

Für 4 Personen

2 Dosen Kichererbsen (400 g)
3 Gemüsezwiebeln
3 Knoblauchzehen
3 EL geröstetes Arganöl
2 Bund Koriandergrün
1 TL gemahlener Kreuzkümmel
1 TL Kurkuma
1 TL weißer Pfeffer
1 EL Meersalz

Zubereitungszeit 20 Minuten

Kräutersalat

1 Frühlingszwiebeln waschen, putzen und fein schneiden. Koriander und Petersilie waschen, trockenschwenken und zupfen. Koriander- und Petersilienblättchen fein schneiden.

2 Rucola waschen, trockenschwenken und fein schneiden. Minze waschen, trockenschwenken und mitsamt den Stängeln fein schneiden.

3 Frühlingszwiebeln, Koriander, Petersilie, Rucola und Minze in eine Schüssel füllen. Mit Zitronenabrieb, Zitronensaft und dem Argan-Olivenöl mischen. Kräftig mit Salz und Pfeffer würzen.

4 Vor dem Servieren den Kräutersalat 1 Stunde bei Zimmertemperatur zugedeckt ziehen lassen.

Tipp Ein fein geschnittener Kräutersalat wie dieser passt wunderbar als frische Beilage zu einem Couscous.

Für 4 Personen
1 Bund Frühlingszwiebeln
1 Bund Koriandergrün
1 Bund Blattpetersilie
1 Bund Rucola
1 Bund Minze
abgeriebene Schale und Saft von 5 unbehandelten Zitronen
150 ml Argan-Olivenöl
Meersalz
schwarzer Pfeffer, frisch gemahlen

Zubereitungszeit 15 Minuten plus 1 Stunde Marinierzeit

Backofen-Hokkaidokürbis

1 Den Backofen auf 150 °C vorheizen (Umluft 130 °C, Gas Stufe 1). Ein Backblech mit Backpapier auslegen.

2 Kürbis waschen, halbieren und die Kerne mit einem Löffel herauskratzen. Kürbis in Spalten schneiden. Die Kardamomkapseln in einer Pfanne ohne Fett leicht anrösten.

3 Kürbis mit Kardamom, Argan-Olivenöl, Orangenabrieb und Orangensaft, Zimt und Salz in eine Schüssel geben und alles mischen. Kürbisspalten auf das Backblech legen und im Backofen 45 Minuten backen.

4 Eingelegte Zitrone kalt abwaschen, das Fruchtfleisch herauslöffeln und die Schale in feine Streifen schneiden. Den noch ofenwarmen Kürbis mit etwas Argan-Olivenöl beträufeln und zusammen mit feinen Streifen der eingelegten Zitrone servieren.

Für 4 Personen

1,2 kg Hokkaidokürbis
2 TL grüne Kardamomkapseln
4 EL Argan-Olivenöl
abgeriebene Schale und Saft von 5 unbehandelten Orangen
2 TL gemahlener Zimt
2 TL Meersalz
1 eingelegte Zitrone

Zubereitungszeit 1 Stunde

Tipp Der Backofen-Kürbis dient auch als schnelle Basis für ein geschmeidiges Kürbispüree. Hierzu einfach den noch warmen Kürbis mit dem Stabmixer und mit fein gesalzenen Butterstücken und Sahne pürieren. Abgeschmeckt mit einem Hauch von frisch geriebenem Muskat ein echter Gaumenschmaus.

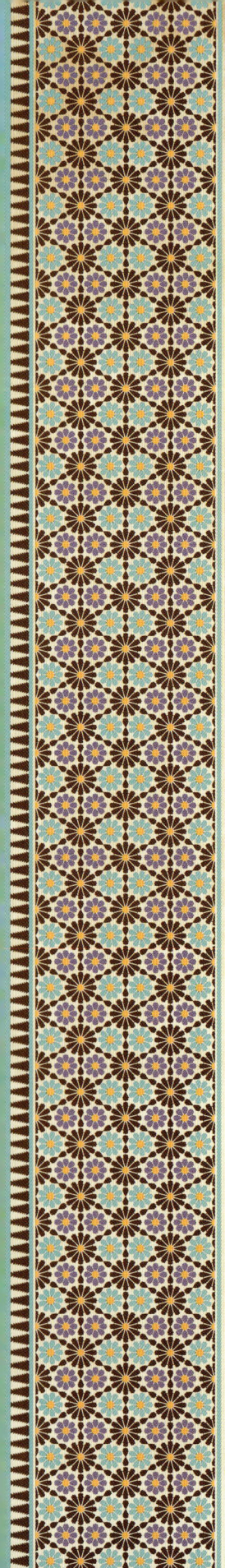

Karamellisierte Knoblauch-Schalotten

1 Die Rosinen heiß abspülen und im Apfelsaft einweichen.

2 Schalotten und Knoblauch abziehen. Schalotten, Knoblauch, Mandeln, Butter, 2 Esslöffel Argan-Olivenöl und Honig in einer hohen Pfanne bei mittlerer Hitze 10 Minuten karamellisieren. Knoblauch-Schalotten in eine Schüssel umfüllen und leicht abkühlen lassen.

3 Minze waschen, trockenschwenken und zupfen. Die Minzeblättchen sehr fein schneiden.

4 Rosinen, Zitronenabrieb und Zitronensaft, Zimt, 2 Esslöffel Argan-Olivenöl und Minze untermischen. Mit Salz und Pfeffer abschmecken und servieren.

Tipp Wenn Sie sich diese Leckerei auf Vorrat im Weckglas bereithalten, wird jeder kleine Hunger zum Speed-Dinner. Denn ob kalt auf der Käsestulle oder heiß zum Fisch: die karamellisierten Knoblauch-Schalotten sind ein Genuss.

Für 4 Personen

50 g Rosinen
100 ml Apfelsaft
20 Schalotten
20 Knoblauchzehen
150 g blanchierte Mandeln
2 EL fein gesalzene Butter
4 EL Argan-Olivenöl
2 EL Honig
1 Bund Minze
abgeriebene Schale und Saft von 2 unbehandelten Zitronen
2 TL gemahlener Zimt
Salz
schwarzer Pfeffer, frisch gemahlen

Zubereitungszeit 20 Minuten

Feine Käseröllchen

1 Dill waschen, trockenschwenken und die Dillspitzen abzupfen. Dillspitzen klein schneiden. Schnittlauch waschen, trockenschwenken und in Röllchen schneiden. Koriandergrün waschen, trockenschwenken, zupfen und die Blättchen klein schneiden.

2 Ziegenfrischkäse, Dill, Schnittlauch, Koriander, Parmesan, Arganöl, Zitronenabrieb und Zitronensaft, Kreuzkümmel, etwas Salz und Pfeffer in eine Schüssel füllen. Alle Zutaten gut vermischen.

3 Die Filoteigblätter halbieren, im unteren Bereich mit der Käsecreme bestreichen und mit eingeklappten Rändern zu Röllchen drehen. In einer Pfanne etwas Olivenöl erhitzen und die Röllchen darin 4 bis 5 Minuten ausbacken. Käseröllchen zum Abtropfen auf Küchenpapier legen und mit Zitronenspalten servieren.

Tipp In Marokko werden kleine ausgebackene Warka-Teigblätter zu Röllchen gedreht und ausfrittiert als Straßensnack, Beilage zu Suppen und Salaten gereicht. Ich bevorzuge für meine Knusperröllchen in der Regel Filoteigblätter, die ich verschieden gefüllt zubereite.

Für 4 Personen

1 Bund Dill
1 Bund Schnittlauch
1 Bund Koriandergrün
250 g Ziegenfrischkäse
150 g Parmesan, fein gerieben
2 EL Arganöl
abgeriebene Schale und Saft von 1 unbehandelten Zitrone
½ TL gemahlener Kreuzkümmel
Meersalz
schwarzer Pfeffer, frisch gemahlen
8 Filoteigblätter
Olivenöl
Zitronenspalten

Zubereitungszeit 15 Minuten

Leichte Gemüsesticks mit Zitronen-Ayran

Für 4 Personen

Für die Gemüsesticks:
2 grüne Zucchini
2 gelbe Zucchini
2 Auberginen
2 rote Zwiebeln
4 Soloknoblauchzehen
Butterschmalz
1 Bund Koriander
1 Bund Blattpetersilie
abgeriebene Schale und Saft von 1 unbehandelten Zitrone
3 EL Arganöl
Meersalz
schwarzer Pfeffer, frisch gemahlen
gemahlene Chiliflocken
8 Filoteigblätter
Olivenöl

Für den Zitronen-Ayran:
250 ml Ayran
abgeriebene Schale und Saft von 2 unbehandelten Zitronen
1 TL Honig
1 EL Arganöl
Chilipulver

Zubereitungszeit 25 Minuten

1 Zucchini und Auberginen waschen, putzen und sehr fein würfeln. Die Zwiebeln und den Knoblauch abziehen und klein schneiden.

2 Etwas Butterschmalz in einer Pfanne erhitzen. Zucchini, Auberginen, Zwiebeln und Knoblauch hineingeben, kross ausbacken und direkt zum Abtropfen auf etwas Küchenpapier ausbreiten. Das Gemüse abkühlen lassen.

3 Koriander und Petersilie waschen und trockenschwenken. Die Blättchen abzupfen und sehr fein schneiden. Abgekühltes Gemüse mit Koriander, Petersilie, Zitronenabrieb, Zitronensaft, Arganöl, etwas Salz, Pfeffer und Chiliflocken mischen. Abschmecken.

4 Filoteigblätter halbieren, jeweils mit einem großen Esslöffel der Gemüsemischung längs im unteren Bereich bestreichen und mit eingeklappten Rändern zu Röllchen drehen. Olivenöl in einer Pfanne erhitzen und die Röllchen darin rundum kross ausbacken.

5 Für den Zitronen-Ayran den Ayran mit Zitronenabrieb und Zitronensaft, Honig, Arganöl und etwas Chilipulver in ein hohes Rührgefäß füllen. Zitronen-Ayran mit dem Mixstab aufschäumen.

Lamm-Rosinen-Röllchen

1 Das Lammhackfleisch in eine Schüssel geben. Schalotten abziehen und fein schneiden. Knoblauch abziehen und fein schneiden. Schalotten, Knoblauch, Ingwer, Kreuzkümmel, Zimt, Salz, Zucker und Arganöl zum Fleisch geben und alles gründlich vermischen.

2 Etwas Olivenöl in einer Pfanne erhitzen und die Lammhackmischung darin unter Rühren 7 bis 10 Minuten rösten. Zum Abkühlen in eine Schüssel geben.

3 Koriander und Minze waschen und trockenschwenken. Die Blättchen abzupfen und sehr fein schneiden. Koriander und Minze in die Schüssel geben und unterrühren.

4 Filoteigblätter halbieren, jeweils im unteren Bereich mit einem großen Esslöffel der Hackfleischmischung bestreichen und mit eingeklappten Rändern zu Röllchen drehen.

5 Olivenöl in einer Pfanne erhitzen und die Lamm-Rosinen-Röllchen 5 Minuten rundum kross braten. Mit frischem Limettensaft beträufelt servieren.

Für 4 Personen

400 g Lammhackfleisch
2 Schalotten
4 Soloknoblauchzehen
2 EL frischer Ingwer, fein gewürfelt
1 TL gemahlener Kreuzkümmel
1 TL gemahlener Zimt
1 TL Meersalz
1 TL brauner Zucker
2 EL Arganöl
Olivenöl
1 Bund Koriander
1 Bund Minze
8 Filoteigblätter
Limettensaft, frisch gepresst

Zubereitungszeit 30 Minuten

Confit aus getrockneten Feigen

1 Getrocknete Feigen grob würfeln. Birnen und Äpfel waschen, halbieren und das Kerngehäuse entfernen. Birnen und Äpfel grob würfeln.

2 Feigen, Äpfel, Birnen, Kardamom, Zimtstange, Zucker, Zitrusabrieb, Zitronen- und Orangensaft mit 150 Milliliter kaltem Wasser in einem Topf aufkochen.

3 Das Feigenconfit bei niedriger Temperatur unter gelegentlichem Rühren 45 Minuten einkochen lassen. In eine Schüssel füllen und abkühlen lassen.

4 Das Arganöl unterrühren und das Feigenconfit in Weckgläser füllen. Im Kühlschrank ist es 2-3 Wochen haltbar.

Tipp Dieses Confit passt wunderbar zu Käse und schmeckt ebenso als Brotaufstrich. Man kann auch kurz gebratenes Lammfleisch damit gratinieren.

Tipp Wer die Kombination aus Frucht und Schärfe liebt, der verfeinert das Confit wie folgt: 2 Esslöffel fein gewürfelten Knoblauch, 2 Esslöffel fein gewürfelten frischen Ingwer, 1 Esslöffel fein gewürfelte rote Chilischote mit 3 Esslöffeln Apfelsaft und etwas Salz ca. 5 Minuten einkochen und nach dem Abkühlen unter das Confit geben. Wunderbar zum Gratinieren von Steaks!

Für 4 Personen
200 g getrocknete Feigen
200 g Birnen
200 g Äpfel
1 TL grüne Kardamomkapseln
1 Zimtstange
2 EL Zucker
abgeriebene Schale und Saft von 1 unbehandelten Zitrone und 1 Orange
2 EL Arganöl

Zubereitungszeit 1 Stunde

Ofentomaten mit Zimt

Für 4 Personen

1,5 kg Strauchtomaten
4 EL brauner Zucker
2 TL gemahlener Zimt
1 TL feines Salz
1 Msp. Safranfäden
4 EL Argan-Olivenöl
1 EL Koriandergrün, fein geschnitten

Zubereitungszeit 15 Minuten plus 3 ½ Stunden Garzeit

1 Den Backofen auf 100 °C vorheizen (Umluft 90 °C, Gas Stufe 1).

2 Tomaten an der Unterseite leicht über Kreuz anschneiden und in kochendes Wasser legen. Herausnehmen und sofort häuten, halbieren und die Kerngehäuse entfernen. Die Tomatenhälften mit der Schnittfläche nach oben auf ein Backblech legen.

3 Zucker, Zimt, Salz und Safranfäden mischen und über die Tomatenhälften streuen. Tomaten mit 2 Esslöffeln Argan-Olivenöl beträufeln. Die Tomaten im vorgeheizten Backofen 3 ½ Stunden garen.

4 Die Tomaten noch einmal mit 2 Esslöffel Argan-Olivenöl beträufeln und lauwarm servieren. Die Tomaten mit fein geschnittenem Koriandergrün bestreuen.

Tipp Die Ofentomaten sind eine schöne Vorspeise mit etwas Brot. Sie passen aber auch prima zu Kurzgebratenem und besonders gut zu Gegrilltem.

Tipp Man kann diese Tomaten noch 2 Stunden bei 70 °C im Backofen weitertrocknen und dann auf etwas Pergamentpapier langsam auskühlen lassen. Die Tomaten mischt man einfach unter fertig gegarte Nudeln und verfeinert diese mit frischen Koriander-, Minze- und Basilikumblättchen.

Suppen

Schnelle weiße Bohnensuppe

1 Die Bohnen in ein Sieb abgießen und mit kaltem Wasser abspülen. Die Zwiebel abziehen und fein schneiden. Knoblauch abziehen und fein schneiden.

2 Etwas Argan-Olivenöl in einem Topf erhitzen und die Bohnen, Zwiebeln und Knoblauch darin kurz glasieren. Die Gemüsebrühe angießen, zum Kochen bringen und bei mittlerer Hitze 30 Minuten einkochen lassen.

3 Die Suppe mit dem Mixstab fein pürieren. Kreuzkümmel, Paprikapulver und Salz zugeben. Einen kräftigen Schuss geröstetes Arganöl hinzufügen und nochmals fein pürieren.

Tipp Je nach Geschmack können noch fein gewürfelte und kross geröstete Kartoffelstückchen als Einlage zur Suppe gereicht werden. Dazu einfach festkochende Kartoffeln schälen, sehr fein würfeln und in Butter oder Olivenöl in einer Pfanne anbraten. Kartoffelwürfel salzen und pfeffern und zur Bohnensuppe servieren.

Für 4 Personen

400 g weiße Bohnen aus der Dose
1 Gemüsezwiebel
1 Knoblauchzehe
Argan-Olivenöl
1 l Gemüsebrühe
1 TL gemahlener Kreuzkümmel
1 TL rosenscharfes Paprikapulver
1 TL grobes Meersalz
geröstetes Arganöl

Zubereitungszeit 45 Minuten

Kalte Tomatensuppe

1 Tomatensaft, geschälte Tomaten, Apfelsaft, Arganöl, Zitrusabrieb, Zitronen- und Orangensaft, Salz, Pfeffer und Chiliflocken in einem gekühlten Standmixer fein pürieren.

2 Für die Einlage die Orange schälen, sodass nichts von der weißen Haut übrig bleibt. Die Orange filetieren und dabei den Saft auffangen.

3 Orangenfilets, Orangensaft, Zitronenabrieb und Zitronensaft, Arganöl und Safranfäden gut vermischen und anschließend in die Suppe geben.

Tipp Hier lohnt sich eine etwas größere Produktion, denn eine kalte Suppe in einem schönen Weckglas ist ein ganz persönliches Geschenk. In der heißen Verbindung mit den karamellisierten Knoblauch-Schalotten (siehe Rezept Seite 38) ergibt sich eine schöne Beilage für Kurzgebratenes.

Tipp Diese kalte Tomatensuppe eignet sich sehr gut als Trinksuppe aus dem Glas mit einem scharfen Pfefferrand.

Für 4 Personen

500 ml Tomatensaft
250 ml geschälte Tomaten aus der Dose
150 ml naturtrüber Apfelsaft
4 EL Arganöl
abgeriebene Schale und Saft von
1 unbehandelten Zitrone und 1 Orange
Meersalz
schwarzer Pfeffer, frisch gemahlen
gemahlene Chiliflocken

Für die Einlage:
1 Orange
abgeriebene Schale und Saft von
1 unbehandelten Zitrone
1 EL Arganöl
1 Msp. Safranfäden

Zubereitungszeit 20 Minuten

Linsensuppe Marrakesch

1 Die Linsen in ein Sieb geben und unter fließendem Wasser abspülen. Linsen und Brühe in einen Topf füllen und den Topf mit einem Deckel verschließen. Linsen aufkochen und bei mittlerer Hitze 30 Minuten kochen.

2 Für die Gemüseeinlage Zwiebel abziehen und fein schneiden. Den Knoblauch abziehen und fein schneiden. Sellerie waschen, putzen und fein würfeln. Karotte schälen und in feine Würfel schneiden.

3 In einer großen Pfanne etwas Butterschmalz erhitzen. Darin Zwiebeln, Knoblauch, Sellerie und Karotten bei mittlerer Hitze anbraten. Den Apfelsaft hinzufügen und 7 Minuten einkochen lassen.

4 Die Linsensuppe mit dem Mixstab fein pürieren. Mit Kreuzkümmel, Salz, Pfefferschrot, Zitronenabrieb und Zitronensaft würzen. Etwas Arganöl hinzufügen und abschmecken. Vor dem Servieren die Gemüseeinlage unterheben.

Tipp Zum Servieren frisch gezupftes Koriandergrün dazugeben.

Für 4 Personen

300 g rote Linsen
1,5 l Hühnerbrühe
1 Gemüsezwiebel
2 Knoblauchzehen
2 Stangen Staudensellerie
1 Karotte
Butterschmalz
200 ml Apfelsaft
1 EL gemahlener Kreuzkümmel
1 EL Meersalz
1 EL Pfefferschrot
abgeriebene Schale und Saft von 2 unbehandelten Zitronen
geröstetes Arganöl

Zubereitungszeit 50 Minuten

Knoblauchrahmsuppe

Für 4 Personen

Für die Knoblauchrahmsuppe:
10 Knoblauchzehen
5 Schalotten
3 Stangen Staudensellerie
1 EL fein gesalzene Butter
800 ml Gemüsefond
400 g Sahne
4 EL Arganöl
Meersalz
schwarzer Pfeffer, frisch gemahlen
Muskatnuss, frisch gerieben

Für den frittierten Knoblauch:
20 Soloknoblauchzehen
200 g Butterschmalz
Meersalz
Arganöl
Zucker
Koriandergrün, fein geschnitten

Zubereitungszeit 40 Minuten

1 Knoblauch und Schalotten abziehen und in feine Stifte schneiden. Sellerie waschen, putzen und klein schneiden. In einem Topf die Butter erhitzen und darin bei mittlerer Hitze Knoblauch, Schalotten und Sellerie glasieren.

2 Gemüsefond und Sahne zugeben und bei mittlerer Hitze 20 Minuten einköcheln. Arganöl, etwas Salz, Pfeffer und Muskat hinzufügen und die Suppe mit dem Mixstab fein pürieren.

3 Für den frittierten Knoblauch den Knoblauch schälen und in mitteldicke Scheiben schneiden. Butterschmalz in einer Stielsauteuse aufschäumen und die Knoblauchscheiben unter Bewegung langsam ausfrittieren.

4 Den frittierten Knoblauch zum Abtropfen auf ein Sieb geben und noch warm auf Backpapier verteilen. Leicht salzen und mit etwas Arganöl beträufeln. Den frittierten Knoblauch mit etwas Zucker und dem fein geschnittenen Koriandergrün vermischen.

Tipp Zur Suppe passen prima frische, fein geschnittene Frühlingszwiebeln oder auch eine geröstete Fenchelsamenmischung (siehe Rezept Seite 23).

Kalter Gurken-Dill-Shooter

1 Die Gurken waschen, der Länge nach halbieren und mit einem Löffel die Kerne herauskratzen. Gurken in grobe Stücke schneiden. Dill waschen und trockenschwenken. Dillspitzen abzupfen.

2 Gurkenstücke, Dill, Ayran, Arganöl, Zitronenabrieb und Zitronensaft, Salz, Pfeffer und ein paar Spritzer Tabasco in einem gekühlten Standmixer pürieren.

3 Den Gurken-Dill-Shooter in geeisten kleinen Gläsern oder Schalen mit etwas schwarzem Hawaiisalz servieren.

Tipp Den Gurken-Dill-Shooter können Sie anstatt mit Ayran auch sehr gut mit gekühlter Buttermilch oder mit Kefir herstellen. Dill kann zur Hälfte durch Koriander ersetzt werden.

Tipp Dieser Shooter kann auch als flüssiges Bett für fein geschnittene Lachs- und Apfelwürfel dienen. Diese dann auf einem geeisten Teller servieren und mit frischen Kräutern garnieren – das bietet Auge und Gaumen gleichermaßen einen Ort zum Verweilen. Auch kann man den Shooter mit etwas Mineralwasser verlängert als ein frisches Salatdressing einsetzen.

Für 4 Personen

2 Salatgurken
1 Bund Dill
250 ml Ayran
2 EL geröstetes Arganöl
abgeriebene Schale und Saft von
2 unbehandelten Zitronen
Meersalz
weißer Pfeffer, frisch gemahlen
grüner Tabasco
schwarzes Hawaiisalz

Zubereitungszeit 10 Minuten

Fenchelbrühe mit rotem Zwiebel-Tatar

1 Für das Zwiebel-Tatar rote Zwiebeln abziehen und sehr fein schneiden. Apfel waschen und das Kerngehäuse entfernen. Apfel sehr fein schneiden.

2 Zwiebeln, Apfel, Zitronenabrieb und Zitronensaft, Arganöl, Zucker, Salz und Pfeffer in einer Schüssel gut vermischen und abgedeckt 2 Stunden im Kühlschrank marinieren.

3 Für die Brühe Zwiebeln abziehen und in feine Stifte schneiden. Fenchel waschen, die äußeren harten Blätter und die Stiele entfernen. Fenchel samt Fenchelgrün in feine Stifte schneiden. Knoblauch abziehen und ebenfalls in feine Stifte schneiden.

4 Die Gemüsebrühe in einem Topf erhitzen. Zwiebeln, Fenchel und Knoblauch hinzufügen. Die Brühe zum Kochen bringen und bei mittlerer Hitze 30 Minuten kochen. Mit Salz, Pfeffer und Chili würzen.

5 Die Suppe auf Schalen verteilen und jeweils mit 1 bis 2 Esslöffel rotem Zwiebel-Tatar garnieren.

Für 4 Personen

Für das rote Zwiebel-Tatar:
3 rote Zwiebeln
1 Apfel
abgeriebene Schale und Saft von
1 unbehandelten Zitrone
2 EL Arganöl
1 TL Zucker
Meersalz
schwarzer Pfeffer, frisch gemahlen

Für die Fenchelbrühe:
2 Gemüsezwiebeln
3 Fenchelknollen
3 Knoblauchzehen
1 l Gemüsebrühe
Meersalz
weißer Pfeffer, frisch gemahlen
gemahlene Chiliflocken

Zubereitungszeit 45 Minuten plus 2 Stunden Marinierzeit

Kokos-Tomaten-Suppe

1 Knoblauch und Schalotten abziehen und in feine Stifte schneiden.

2 Gesalzene Butter in einem Topf erhitzen. Knoblauch- und Schalottenstifte, Ingwer und Currypulver in den Topf geben und in der Butter leicht glasieren.

3 Kokosmilch, passierte Tomaten und Gemüsebrühe hinzufügen, aufkochen und bei mittlerer Hitze 30 Minuten einkochen lassen. Dann die Suppe mit dem Mixstab fein pürieren. Mit Arganöl, Salz und Pfeffer abschmecken.

Tipp Die Kokos-Tomaten-Suppe lässt sich ganz leicht abwandeln: beispielsweise mit frischem, fein geschnittenem Koriandergrün, Blattpetersilie oder Minze.

Tipp Diese Suppe eignet sich auch gut, um eine Tomatenbasissauce herzustellen. Hierzu einfach die fertige Suppe weitere 15 Minuten einkochen lassen. Dann mit etwas Arganöl, Zitronensaft und abgeriebener Zitronenschale fein pürieren. Abkühlen lassen und in ein sauberes Glas füllen. Im Kühlschrank hält diese Basissauce mindestens 2 Wochen.

Für 4 Personen

4 Knoblauchzehen
4 Schalotten
1 EL fein gesalzene Butter
4 TL frischer Ingwer, fein gewürfelt
4 TL Currypulver
400 ml Kokosmilch
400 ml passierte Tomaten
800 ml Gemüsebrühe
2 EL Arganöl
Meersalz
schwarzer Pfeffer, frisch gemahlen

Zubereitungszeit 45 Minuten

Kürbissuppe mit Zimt und frischer Minze

1 Kürbis waschen und die Kerne mit einem Löffel herauskratzen. Kürbisfruchtfleisch grob würfeln.

2 Kürbis, Hühnerbrühe und Kokosmilch in einen Topf geben. Zum Kochen bringen und 25 Minuten bei mittlerer Hitze kochen lassen.

3 Zimt, Zucker, Arganöl, Minzeblätter, Salz und Pfeffer in die Suppe geben. Anschließend die Kürbissuppe mit dem Mixstab fein pürieren.

Für 4 Personen

1,2 kg Hokkaidokürbis
750 ml Hühnerbrühe
500 ml Kokosmilch
1 TL gemahlener Zimt
1 TL brauner Zucker
2 EL geröstetes Arganöl
5 Stängel frische Minze, gezupft
1 EL Meersalz
1 TL weißer Pfeffer, frisch gemahlen

Zubereitungszeit 35 Minuten

Tipp Der orientalische Gewürztiefgang belebt dieses Gericht und schickt den Speisenden schon nach dem ersten Löffel mitten in den Souk nach Marrakesch. Als Einlage kann man kurz gebratenen Wildreis reichen.

Erbsenrahm mit Safran-Croûtons

1 Schalotten abziehen und fein schneiden. Knoblauch abziehen und fein schneiden. Butter in einem Topf erhitzen. Schalotten, Knoblauch und Erbsen darin leicht glasieren.

2 Kalbsfond zugeben und bei mittlerer Hitze 20 Minuten einkochen lassen. Anschließend Sauerrahm, Arganöl, etwas Salz, Pfeffer und Muskat zugeben und mit dem Mixstab fein pürieren.

3 Für die Safran-Croûtons das Toastbrot entrinden und fein würfeln. Knoblauch abziehen und fein würfeln. Toastbrotwürfel, Knoblauch und Safran in einer beschichteten Pfanne mit ein paar Tropfen Argan-Olivenöl goldgelb ausbacken. Zur Suppe servieren.

Tipp Mit dieser Basissuppe können Sie zu kreativen Höhenflügen starten. Z.B. einfach den heißen Erbsenrahm über Fisch- oder Fleischtatar geben oder mit Gemüsestroh garnieren.

Für 4 Personen

Für den Erbsenrahm:
4 Schalotten
4 Knoblauchzehen
2 EL fein gesalzene Butter
400 g TK-Erbsen
800 ml Kalbsfond
200 g Sauerrahm
4 EL Arganöl
Meersalz
schwarzer Pfeffer, frisch gemahlen
Muskatnuss, frisch gerieben

Für die Safran-Croûtons:
4 Scheiben Toastbrot
2 Knoblauchzehen
1 Msp. Safranfäden
Argan-Olivenöl

Zubereitungszeit 30 Minuten

Salate

Kartoffelsalat

Für 4 Personen

800 g festkochende Kartoffeln

1 Bund Blattpetersilie

6 EL Arganöl

abgeriebene Schale und Saft von 2 unbehandelten Zitronen

1 EL frischer Ingwer, fein gewürfelt

Meersalz

schwarzer Pfeffer, frisch gemahlen

4 EL Mandelstifte

2 EL getrocknete Sauerkirschen

Zubereitungszeit 35 Minuten

1 Kartoffeln waschen und in einen Topf geben. Mit Wasser auffüllen, zum Kochen bringen und gar kochen. Kartoffeln abgießen, pellen und in gleichmäßige Scheiben schneiden.

2 Die lauwarmen Kartoffelscheiben auf einer großen Platte verteilen.

3 Petersilie waschen, trockenschwenken, zupfen und grob schneiden. Petersilienblätter, Arganöl, Zitronenabrieb und Zitronensaft, Ingwer, etwas Salz und Pfeffer in ein hohes Rührgefäß füllen und mit dem Mixstab fein pürieren.

4 Die Marinade über die lauwarmen Pellkartoffelscheiben träufeln. Mandeln und Sauerkirschen in einer beschichteten Pfanne bei mittlerer Hitze leicht anrösten. Leicht salzen und über dem Kartoffelsalat verteilen.

Tipp Kartoffelsalat wird seit jeher als Beilage zum Grillen serviert – aber mit dieser orientalischen Variation können Sie mit Sicherheit einen Volltreffer beim nächsten Fest landen. Eine schöne Ergänzung bietet hier etwas gegrilltes Brot mit einer Mischung aus Honig, Salz und Zitronensaft beträufelt.

Brokkoli-Blumenkohl-Salat mit Olivenstreifen

1 Reichlich Wasser in einem großen Topf aufkochen. Brokkoli und Blumenkohl kurz ins kochende Wasser geben, herausnehmen und in eiskaltem Wasser abschrecken. Dann die Röschen in eine große Schüssel geben.

2 Oliven in feine Stifte schneiden. Oliven, Ingwer, Kurkuma, Koriander, Salz und Szechuanpfeffer zu den Brokkoli- und Blumenkohlröschen in die Schüssel geben. Alles gut vermengen.

3 Arganöl, Zitrusabrieb, Zitronen- und Orangensaft dazugeben und den Salat nochmals gut vermengen.

Tipp So wird aus schnödem Kohl ein sommerlicher Gruß für den geschulten Gaumen. Und wenn Sie sich erst einmal mit zusätzlichen Kräutern zur Verfeinerung angefreundet haben, wird dieser Salat zu Ihrem ständigen Partybegleiter!

Für 4 Personen

je 300 g kleine Brokkoli- und Blumenkohlröschen
150 g gemischte Oliven, entsteint
1 TL frischer Ingwer, fein gewürfelt
1 TL Kurkuma
1 TL gemahlener Koriander
1 TL Meersalz
1 TL Szechuanpfeffer
5 EL geröstetes Arganöl
abgeriebene Schale und Saft von
1 unbehandelten Zitrone und 1 Orange

Zubereitungszeit 20 Minuten

Orangen-Fenchel-Salat mit roten Zwiebeln

1 Orangen mit einem Messer schälen, sodass nichts von der weißen Haut übrig bleibt. Orangen filetieren, den Saft dabei auffangen und direkt zu den Filets in eine Schüssel geben.

2 Fenchel waschen, die äußeren harten Blätter und die Stiele entfernen. Fenchel in feine Stifte schneiden. Fenchel mit heißem Wasser kurz überbrühen und anschließend in Eiswasser abschrecken.

3 Zwiebeln abziehen und in feine Stifte schneiden. Zwiebeln und Fenchel zu den Orangenfilets in die Schüssel geben. Arganöl, Salz und Pfefferschrot hinzufügen und den Salat gut vermischen.

Tipp Je nach Gusto mit reichlich frisch gezupfter Minze dekorieren.

Tipp Diesen Salat kann man auch noch ganz anders einsetzen: Man belegt einfach eine Lachsseite ohne Haut mit dem fertigen Salat und gart diese im vorgeheizten Backofen bei 200 °C 12 Minuten. Währenddessen eine fruchtige Marinade aus 4 Esslöffel Arganöl, 2 Esslöffel Orangensaft, 1 Esslöffel Agavendicksaft und 1 Teelöffel Salz rühren und vor dem Servieren den noch heißen Lachs damit beträufeln.

Für 4 Personen
8 Orangen
1 Fenchelknolle
2 rote Zwiebeln
6 EL geröstetes Arganöl
1 TL Meersalz
1 TL Pfefferschrot

Zubereitungszeit 20 Minuten

Tomaten-Kräuter-Salat mit eingelegter Zitrone

1 Tomaten waschen und an der Unterseite leicht über Kreuz einschneiden. Dann rundum mit einem Bunsenbrenner oder über der Gasflamme des Herds abflämmen, bis sich die Haut leicht abziehen lässt. Die Tomaten vierteln, den Strunk und die Kerne entfernen. Die Kerne in eine Schüssel geben.

2 Arganöl, Limettensaft, Honig, etwas Salz und Pfeffer in die Schüssel zu den Tomatenkernen geben und mit einem Schneebesen gut aufschlagen. Anschließend durch ein feines Sieb abseihen. Die Marinade über die Tomaten geben und leicht unterheben.

3 Eingelegte Zitrone kalt abwaschen, das Fruchtfleisch herauslöffeln und die Schale in feine Streifen schneiden. Zwiebeln abziehen und in feine Stifte schneiden. Sellerie waschen, putzen und in feine Stifte schneiden.

Für 4 Personen

600 g Strauchtomaten
6 EL geröstetes Arganöl
2 EL Limettensaft
1 TL Honig
Meersalz
schwarzer Pfeffer, frisch gemahlen
1 eingelegte Zitrone
2 rote Zwiebeln
1 Stange Staudensellerie
1 Bund Blattpetersilie
1 Bund Koriander

Zubereitungszeit 30 Minuten

4 Petersilie und Koriander waschen, trockenschwenken und grob zupfen. Zitronenschale, Zwiebeln, Sellerie, Petersilie und Koriandergrün unter die Tomaten heben und sofort servieren.

Tipp Mit leicht geröstetem Weißbrot und fein gehacktem Knoblauch genießen.

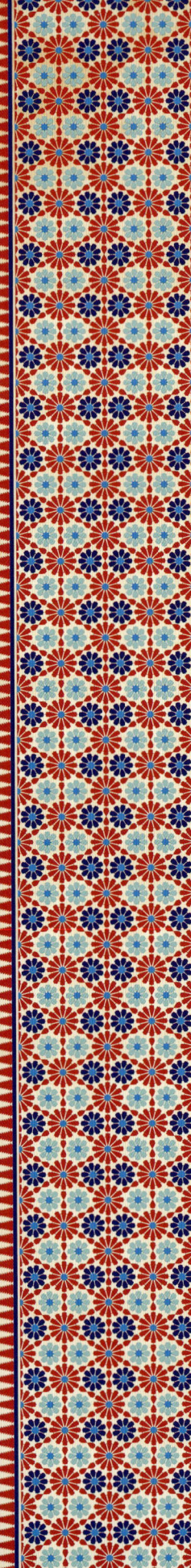

Gebratener Spargel mit Erdbeersalsa

1 Spargel waschen, schälen, putzen und in grobe Rauten schneiden. Äpfel waschen, halbieren und das Kerngehäuse entfernen. Äpfel grob würfeln. Zwiebel abziehen und klein schneiden.

2 Etwas Butter in einer sehr heißen Pfanne erhitzen. Spargel, Äpfel, Zwiebel, etwas Räuchersalz und Malabarpfeffer scharf darin anbraten. Spargel mit dem Apfelsaft ablöschen und bei mittlerer Temperatur 10 Minuten einkochen. Mit Muskat würzen.

3 Für die Erdbeersalsa die Erdbeeren waschen, putzen und grob würfeln. Frühlingszwiebeln waschen, putzen und fein schneiden.

4 Malabarpfeffer in einer beschichteten Pfanne bei mittlerer Hitze unter Rühren 10 Minuten rösten. Anschließend noch heiß im Handmörser fein zerstoßen.

5 Erdbeeren, Malabarpfeffer, etwas Arganöl und Zitronensaft mischen und direkt über den Spargel geben.

Tipp Grobe, geröstete Brotwürfel verwandeln dieses Rezept in einen absoluten Partykracher.

Für 4 Personen

Für den gebratenen Spargel:
500 g weißer Spargel
2 Äpfel
1 weiße Zwiebel
Butter
Räuchersalz
Malabarpfeffer
250 ml naturtrüber Apfelsaft
Muskatnuss, frisch gerieben

Für die Erdbeersalsa:
250 g Erdbeeren
1 Bund Frühlingszwiebeln
1 TL Malabarpfeffer
geröstetes Arganöl
Zitronensaft

Zubereitungszeit 40 Minuten

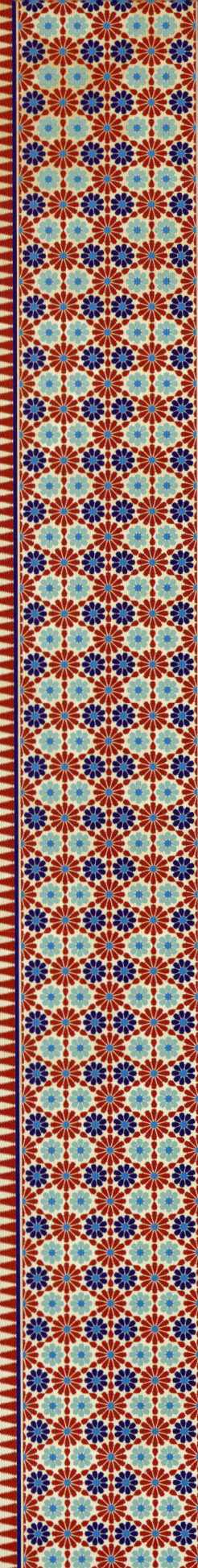

Spinatsalat mit Granatapfelkernen

1 Spinat waschen, trockenschwenken und die Stiele entfernen. Basilikum waschen, trockenschwenken und zupfen. Basilikum- und Spinatblätter in eine flache Schüssel geben.

2 Granatäpfel aufbrechen und die Kerne herauslösen. Granatapfelkerne mit Argan-Olivenöl, Apfelsaft, Zitronenabrieb und Zitronensaft, Agavendicksaft, etwas Salz, Pfeffer und Muskat zu einer Marinade vermischen.

3 Den Salat in der Marinade kurz wenden und nach Wunsch mit dünnen Spänen vom Büffel-Parmesan verfeinern.

Tipp Dieser Salat ist auch ein hervorragendes Topping für eine Pizza und passt ebenso gut zu frischer Pasta.

Tipp Junger Spinat zusammen mit dem Liebesapfel, wie der Granatapfel auch genannt wird, regt nicht nur die Geschmacksnerven an. Um dem Ganzen noch etwas mehr Tiefe zu verleihen, kann man 1 Esslöffel fein gestiftete eingelegte Zitrone über den Salat geben. Mit etwas kurz gebratenem Fisch ein wahres Fest für den Gaumen.

Für 4 Personen

300 g Babyspinat
2 Bund Basilikum
2 Granatäpfel
6 EL Argan-Olivenöl
2 EL Apfelsaft
abgeriebene Schale und Saft von 1 unbehandelten Zitrone
1 TL Agavendicksaft
Meersalz
schwarzer Pfeffer, frisch gemahlen
Muskatnuss, frisch gerieben
nach Wunsch Büffel-Parmesan

Zubereitungszeit 15 Minuten

Geschmorte Kohlstreifen im Apfel-Zitronen-Sud

1 Den Kohlkopf waschen, vierteln und den Strunk herausschneiden. Weißkohl fein schneiden. Zwiebel abziehen und fein schneiden. Knoblauch abziehen und fein würfeln.

2 Butter in einer großen Pfanne oder einem Bräter erhitzen. Kohl, Zwiebeln und Knoblauch darin bei starker Hitze unter Rühren anrösten.

3 Apfelsaft angießen und bei niedriger Hitze 10 Minuten schmoren. Anschließend den Schmorkohl in eine große Schüssel geben.

4 Eingelegte Zitronen kalt abwaschen, das Fruchtfleisch herauslöffeln und die Schale in feine Stifte schneiden. Zitronenschale, Zitronensaft, Apfelsaft, etwas Salz, Pfeffer und Arganöl zum Schmorkohl geben und gut vermischen.

Tipp Etwas frisch geschnittener Schnittlauch oder Frühlingszwiebeln runden den Salat ab.

Für 4 Personen

1 Weißkohl
1 Gemüsezwiebel
4 Knoblauchzehen
Butter zum Braten
125 ml Apfelsaft
2 eingelegte Zitronen
abgeriebene Schale und Saft von 2 unbehandelten Zitronen
4 EL Apfelsaft
Meersalz
schwarzer Pfeffer, frisch gemahlen
2 EL Arganöl

Zubereitungszeit 25 Minuten

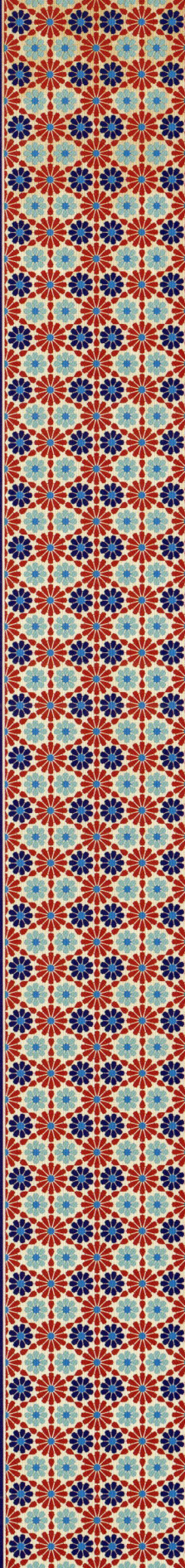

Grüner Linsensalat mit Ingwer-Paprika-Salsa

1 Die Linsen in ein Sieb geben, waschen und in einen Topf füllen. Das Lorbeerblatt hinzufügen. Linsen in reichlich Salzwasser 30 Minuten bei mittlerer Hitze bissfest kochen. In ein Sieb abgießen, mit kaltem Wasser abschrecken und in eine große Schüssel umfüllen.

2 Koriander waschen, trockenschwenken und zupfen. Korianderblättchen grob schneiden. Koriander, Himbeeressig, Arganöl, Honig, etwas Salz und Pfeffer in ein hohes Rührgefäß geben. Mit dem Mixstab pürieren und über die Linsen geben. Gut vermischen und 10 Minuten ziehen lassen.

3 Für die Ingwer-Paprika-Salsa die Paprikaschote waschen und putzen. Knoblauch abziehen. Chilischote halbieren und entkernen. Paprika, Knoblauch und Chili sehr fein schneiden. Ingwer, Zitronenabrieb und Zitronensaft, Arganöl, etwas Salz, Pfeffer und Zucker zugeben.

4 Alles gut vermischen. Die Ingwer-Paprika-Salsa zusammen mit dem grünen Linsensalat servieren.

Für 4 Personen

Für den grünen Linsensalat:
250 g grüne Linsen
1 Lorbeerblatt
Meersalz
1 Bund Koriander
4 EL Himbeeressig
4 EL Arganöl
1 TL Honig
schwarzer Pfeffer, frisch gemahlen

Für die Ingwer-Paprika-Salsa:
1 gelbe Paprikaschote
1 Knoblauchzehe
1 rote Chilischote
2 EL frischer Ingwer, fein gewürfelt
abgeriebene Schale und Saft von 1 unbehandelter Zitrone
1 EL Arganöl
Meersalz
schwarzer Pfeffer, frisch gemahlen
Zucker

Zubereitungszeit 45 Minuten plus 10 Minuten Ziehzeit

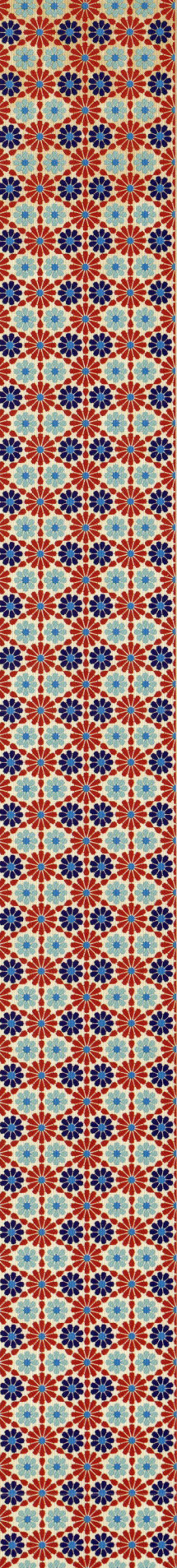

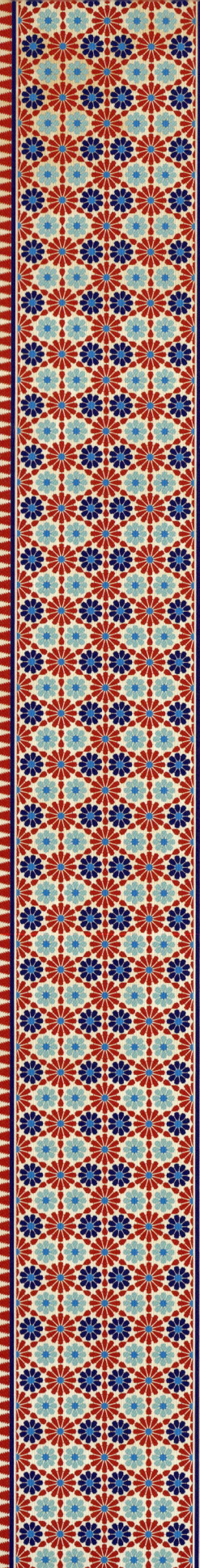

Zitronen-Limetten-Salat mit gebratenem Rucola

1 Zitronen heiß abwaschen, trocknen und die Schale abreiben. Zitronen schälen und achteln. Limetten schälen und achteln. Zwiebeln abziehen und in feine Stifte schneiden.

2 Zitronenabrieb, Zitronen- und Limettenachtel und Zwiebeln mit etwas Salz, Pfeffer und Arganöl in einer Schüssel gut vermischen und abgedeckt im Kühlschrank 2 Stunden marinieren. Vor dem Servieren 30 Minuten bei Zimmertemperatur vortemperieren.

3 Rucola waschen, trockenschwenken, zupfen und grob schneiden. Knoblauch abziehen und fein würfeln. Olivenöl in einer beschichteten Pfanne erhitzen. Rucola und Knoblauch kurz darin kross anbraten. Mit etwas Salz und Muskat würzen.

4 Den Zitronen-Limetten-Salat auf Tellern verteilen und mit dem gebratenen Rucola dekorieren.

Für 4 Personen
10 unbehandelte Zitronen
8 Limetten
4 rote Zwiebeln
Meersalz
schwarzer Pfeffer, frisch gemahlen
2 EL Arganöl
2 Bund Rucola
2 Knoblauchzehen
Olivenöl
Muskatnuss, frisch gerieben

Zubereitungszeit 20 Minuten plus 2 ½ Stunden Marinierzeit

Tipp Diesem Salat kann man auch eine mediterrane Note verleihen, indem man grob gewürfeltes Weißbrot in einer trockenen Pfanne ca. 5 Minuten umseitig anröstet, dieses anschließend mit etwas Arganöl beträufelt und noch warm unterhebt. Oder man vertieft das orientalische Aroma durch die Zugabe von fein geschnittenen Trockenpflaumen, die man leicht salzt.

Dattel-Oliven-Salat mit eingelegten Zitronen

1 Datteln entkernen. Oliven mit dem Messerrücken andrücken und die Kerne entfernen. Datteln und Oliven in feine Streifen schneiden.

2 Eingelegte Zitronen kalt abwaschen, das Fruchtfleisch herauslöffeln und die Schale in feine Stifte schneiden. Grapefruits schälen, sodass nichts von der weißen Haut übrig bleibt. Grapefruits filetieren und in eine Schüssel geben.

3 Minze und Petersilie waschen, trockenschwenken und zupfen. Minze- und Petersilienblättchen fein schneiden.

4 Datteln, Oliven, Zitronenschale, Zitronenabrieb, Zitronensaft, Petersilie und Minze zu den Grapefruitfilets in die Schüssel geben. Arganöl, etwas Salz, Pfeffer und Zimt hinzufügen. Alle Zutaten gut miteinander vermischen und 30 Minuten bei Zimmertemperatur ziehen lassen.

Tipp Den Dattel-Oliven-Salat mit etwas geröstetem Brot servieren.

Für 4 Personen
20 getrocknete Saftdatteln
20 große grüne Oliven
4 eingelegte Zitronen
2 Grapefruits
1 Bund Minze
1 Bund Blattpetersilie
abgeriebene Schale und Saft von 2 unbehandelten Zitronen
3 EL Arganöl
Meersalz
schwarzer Pfeffer, frisch gemahlen
gemahlener Zimt

Zubereitungszeit 20 Minuten plus 30 Minuten Marinierzeit

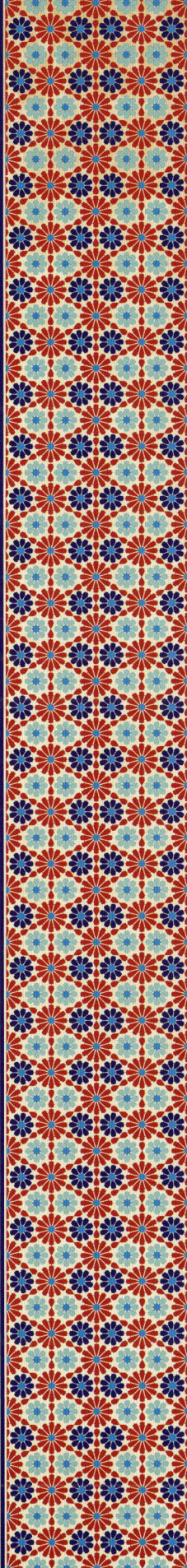

Fisch

Red-Snapper-Nuggets mit Arganölpesto

Für 4 Personen

Für die Kartoffelecken:
500 g gekochte kleine Pellkartoffeln
1 EL brauner Zucker
1 TL Meersalz
2 EL frische Thymianblättchen
abgeriebene Schale von
2 unbehandelten Zitronen
geröstetes Arganöl

Für das Arganölpesto:
2 Bund gemischte Kräuter (Frankfurter Sauce: Kerbel, Borretsch, Kresse, Blattpetersilie, Schnittlauch, Dill, Sauerampfer, Pimpinelle)
100 ml geröstetes Arganöl
50 ml Apfelsaft
Meersalz
schwarzer Pfeffer, frisch gemahlen

Für die Red-Snapper-Nuggets:
Basisrezept: Schneller Ausbackteig (siehe Seite 21)
1 TL Safranfäden
abgeriebene Schale von
1 unbehandelten Zitrone
800 g Red-Snapper-Filet ohne Haut
1 l Erdnussöl

Zubereitungszeit 40 Minuten

1 Für die Kartoffelecken den Backofen auf 185 °C (Umluft oder Grill) vorheizen. Ein Backblech mit Backpapier auslegen. Pellkartoffeln vierteln und mit Zucker, Salz, Thymian und Zitronenabrieb in einer Schüssel gut vermengen. Nach und nach mit etwas Arganöl beträufeln.

2 Die Kartoffeln auf dem Backblech ausbreiten und im Backofen 10 Minuten kross ausbacken.

3 Für das Arganölpesto die Kräuter waschen, trockenschwenken und die Blättchen abzupfen. Kresse und Schnittlauch waschen, trockenschwenken und grob schneiden.

4 Vorbereitete Kräuter mit Arganöl, Apfelsaft, etwas Salz und Pfeffer in ein hohes Rührgefäß geben und mit dem Mixstab fein pürieren.

5 Für die Red-Snapper-Nuggets den Ausbackteig zubereiten (siehe Seite 21): Mehl, Weißwein, beide Eigelbe, Arganöl und Salz in eine Schüssel geben und verrühren. Safranfäden und Zitronenabrieb gut unterrühren.

6 Red Snapper waschen, mit Küchenpapier trocknen und in daumendicke Stücke schneiden.

7 Das Erdnussöl in einer Pfanne erhitzen. Die Fischstücke durch den Ausbackteig ziehen und direkt nach dem Abtropfen in dem heißen Erdnussöl goldgelb ausbacken.

8 Red-Snapper-Nuggets zusammen mit den exotisch gebackenen Kartoffelecken servieren und das Arganölpesto darüberträufeln.

9 Damit man dieses Rezept auch bei Partys servieren kann, einfach erst die die Kartoffelecken in ein kleines Glas geben, 2 bis 3 Red-Snapper-Nuggets auf einen langen Holzspieß stecken, mit etwas Pesto beträufeln und zusammen als Flying Food servieren.

Tipp Das Pesto für die Red-Snapper-Nuggets kann man ganz leicht variieren. Orientalisch wird es mit je 1 Bund Rucola, Minze, Blattpetersilie, Koriander und Schnittlauch. Hierzu die Kräuter waschen und trockenschwenken. Rucola grob schneiden, Schnittlauch in Röllchen schneiden, Minze und Koriander zupfen. Kräuter mit 6 Esslöffel Arganöl, Saft und abgeriebener Schale von 2 Zitronen und 2 Orangen, etwas Meersalz und Pfeffer in einem gekühlten Standmixer pürieren.

Tipp Nehmen Sie je nach Geschmack und Verfügbarkeit auch andere Fischstücke für die Nuggets oder mischen Sie sie sogar mit etwas magerem Hühnchenfleisch. Somit bietet sich Ihnen und Ihren Gästen eine große Auswahl an Aromen mit ein und demselben Grundrezept. Wichtig: immer ein paar Zitronen- und Limettenstücke zu den Nuggets reichen.

Wolfsbarsch mit Selleriepüree

1 Für das Selleriepüree Sellerie waschen, schälen und fein würfeln. Gemüsezwiebel abziehen und fein schneiden. Knoblauch abziehen und fein schneiden.

2 Sellerie, Zwiebel und Knoblauch zusammen mit dem Kalbsfond in einen Topf geben und aufkochen. Etwas Salz, Pfeffer und Muskat hinzufügen und 25 Minuten zugedeckt weich kochen. Mit dem Mixstab unter Zugabe von einem guten Strahl Arganöl pürieren.

3 Für den auf der Haut gebratenen Wolfsbarsch die Wolfsbarschfilets kalt abspülen und mit Küchenpapier trocknen. Butter und Argan-Olivenöl in einer Pfanne erhitzen. Die Wolfsbarschfilets darin erst auf der Hautseite kross anbraten und anschließend zum Ruhen auf ein Holzbrett legen.

4 Kalbsfond in die Pfanne geben und zur Hälfte einkochen lassen. Anschließend mit dem Mixstab leicht aufschäumen. Die Wolfsbarschfilets mit der Fleischseite in den heißen Sud legen und in etwa 7 Minuten fertig garen.

5 Den Wolfsbarsch auf einem tiefen Teller anrichten und mit dem aufgeschäumten Sud übergießen. Das Selleriepüree dazu reichen.

Tipp Das Selleriepüree lässt sich mit etwas aufgeschlagener, leicht gesalzener Sahne verfeinern.

Für 4 Personen

Für das Selleriepüree:
1 Sellerieknolle
1 Gemüsezwiebel
2 Knoblauchzehen
400 ml Kalbsfond
Meersalz
schwarzer Pfeffer, frisch gemahlen
Muskatnuss, frisch gerieben
geröstetes Arganöl

Für den Wolfsbarsch:
4 Wolfsbarschfilets mit Haut (à ca. 160 g)
1 EL fein gesalzene Butter
1 EL Argan-Olivenöl
200 ml Kalbsfond

Zubereitungszeit 50 Minuten

Schnelles Fischgulasch im Senfschaum

1 Lachs, Skreij und Riesengarnelen kalt abspülen und mit Küchenpapier trocknen. Die Fischstücke fein würfeln. Fisch und Garnelen auf 4 große tiefe Teller verteilen und mit dem Arganöl mischen. Mit Salz, weißem Pfeffer und Muskat leicht würzen.

2 Zwiebel abziehen und klein schneiden. Apfel schälen, halbieren und das Kerngehäuse entfernen. Apfel in feine Würfel schneiden. Knoblauch abziehen und fein würfeln.

3 Zwiebel, Apfel, Knoblauch, Fischfond, Wermut, Sahne und Honigsenf in einem Topf bei mittlerer Hitze aufkochen und 20 Minuten einkochen lassen. Anschließend fein pürieren und mit Salz, Pfeffer und Muskat abschmecken.

4 Die steif geschlagene, leicht gesalzene Sahne unter den Senfschaum heben. Den Senfschaum über dem fein gewürfelten Fisch verteilen.

Tipp Variieren Sie dieses Rezept ganz einfach: Mit 2 Teelöffel fein geschnittenen Kapern abrunden und warme Brotscheiben dazureichen. Oder mit 2 Esslöffel fein geschnittenem frischem Dill und etwas Zitronenabrieb verfeinern. Oder je 2 Esslöffel frische Ingwer- und Knoblauchwürfel in etwas Butter glasieren und untermengen. Oder mit 1 Esslöffel Fenchelsamenmischung (Basisrezept siehe Seite 23) abrunden.

Für 4 Personen

300 g Lachs-Loin (ausgelöstes Lachsrückenfilet in Sushi-Qualität)
300 g Skreij (Kabeljaufilet-Art) ohne Haut
4 frische Riesengarnelen, gepult und entdarmt
2 EL geröstetes Arganöl
Meersalz
weißer Pfeffer, frisch gemahlen
Muskatnuss, frisch gerieben
1 Gemüsezwiebel
1 Apfel
1 Knoblauchzehe
200 ml Fischfond
100 ml Wermut (z. B. Noilly Prat)
200 g Sahne
3 EL Honigsenf
8 EL steif geschlagene, leicht gesalzene Sahne

Zubereitungszeit 40 Minuten

Kleine Lachspralinen auf Zuckerschotenstroh

1 Eine große Schüssel kalt stellen. Lachsfilet waschen, trocknen und fein schneiden. Schalotten und Knoblauch abziehen und fein würfeln. Selleriestangen waschen, putzen und fein würfeln.

2 Fein geschnittene Schalotten, Knoblauch und Sellerie in einem Sieb mit kochendem Wasser überbrühen und anschließend in Eiswasser abschrecken. Im Anschluss gut trockentupfen.

3 Lachs und die Gemüsewürfelchen zusammen mit Pankomehl, den Eigelben, Honigsenf, etwas Salz, Pfeffer und Muskat in der kalten, großen Schüssel gut vermischen. Die Hände mit etwas Arganöl beträufeln und je 1 gehäuften Esslöffel der Fischmasse zu einer kleinen Praline formen.

4 Reichlich Rapsöl in einer Pfanne erhitzen. Die Lachspralinen darin rundum 3 bis 5 Minuten kross ausbacken.

5 Für das Zuckerschotenstroh die Zuckerschoten waschen, putzen und in feine Stifte schneiden. Zwiebel und Knoblauch abziehen und ebenfalls in feine Stifte schneiden.

6 Das Rapsöl in einer Pfanne erhitzen und die Zuckerschoten, Zwiebel und Knoblauch 3 bis 5 Minuten darin anrösten. Mit Salz, Pfeffer und braunem Zucker abschmecken. Zum Anrichten über die Lachspralinen etwas Arganöl und etwas frischen Zitronensaft träufeln.

Für 4 Personen

Für die Lachspralinen:
800 g Lachsfilet ohne Haut
2 Schalotten
2 Knoblauchzehen
2 Stangen Staudensellerie
100 g Pankomehl
3 Eigelb
1 EL Honigsenf
Meersalz
weißer Pfeffer, frisch gemahlen
Muskatnuss, frisch gerieben
geröstetes Arganöl
Rapsöl zum Braten
Zitronensaft

Für das Zuckerschotenstroh:
400 g Zuckerschoten
1 Gemüsezwiebel
1 Knoblauchzehe
Rapsöl zum Braten
Meersalz
schwarzer Pfeffer, frisch gemahlen
brauner Zucker

Zubereitungszeit 40 Minuten

Lachstatar mit Minze-Honigmelonen-Würfeln

1 Eine große Schüssel kalt stellen.

2 Lachs kalt abspülen und mit Küchenpapier trocknen. Lachsfilet fein würfeln. Honigmelone schälen, halbieren und die Kerne mit einem Löffel herauskratzen. Honigmelone anschließend in ganz feine Würfel schneiden.

3 Minze waschen, trockenschwenken und zupfen. Minzeblättchen fein schneiden. Lachs, Melone, Minze, Zitronenabrieb, Argan-Olivenöl, Apfelsaft, etwas Salz, Pfeffer und Chiliflocken in die kalte Glasschüssel geben und alles gut miteinander vermischen.

4 Lachstatar mit einem Eisportionierer z. B. auf einer Schiefertafel anrichten und mit gerösteten, dünnen Baguettescheiben servieren.

Tipp Das Tatar wird im Handumdrehen zur Suppeneinlage oder kann sogar in Filoteig gerollt kurz in Olivenöl frittiert werden. Immer lecker und ein feiner Begleiter zu kühlstem Weißwein.

Für 4 Personen

400 g Lachs-Loin (ausgelöstes Lachsrückenfilet in Sushiqualität)
1 Honigmelone
1 Bund Minze
abgeriebene Schale von 1 unbehandelten Zitrone
2 EL Argan-Olivenöl
2 EL Apfelsaft
Meersalz
schwarzer Pfeffer, frisch gemahlen
gemahlene Chiliflocken
geröstete Brotscheiben als Beilage

Zubereitungszeit 20 Minuten

Saiblingstranchen mit Apfel-Kerbel-Vinaigrette

1 Saiblingsfilet kalt abspülen und mit Küchenpapier trocknen. Das Fischfilet mit einem scharfen Messer in dünnste Tranchen schneiden. Saiblingstranchen auf einer großen Platte oder bereits auf die Portionsteller verteilen.

2 Äpfel waschen, halbieren und das Kerngehäuse entfernen. Äpfel in sehr feine Würfel schneiden. Frühlingszwiebeln waschen, putzen und fein schneiden. Kerbel waschen, trockenschwenken und zupfen.

3 Äpfel, Frühlingszwiebeln, Kerbelblättchen, Arganöl, Limettensaft, etwas Salz und Pfeffer gut vermischen und über den Saiblingstranchen verteilen.

4 Saiblingstranchen mit Apfel-Kerbel-Vinaigrette mit etwas geröstetem Brot oder mit einem kleinen Salat servieren.

Tipp Hierzu noch ein paar geröstetete Schwarzbrotwürfel, und der Orient trifft auf die Kölner Altstadt! Perfekt dazu: ein kühles Bier.

Für 4 Personen
800 g Saiblingsfilet ohne Haut
2 säuerliche Äpfel
2 Frühlingszwiebeln
2 Bund Kerbel
3 EL geröstetes Arganöl
1 EL Limettensaft
Meersalz
schwarzer Pfeffer, frisch gemahlen
geröstetes Brot oder Salat als Beilage

Zubereitungszeit 20 Minuten

Sesamlachs mit Minzspargel-Carpaccio

1 Lachsfilet kalt abspülen und mit Küchenpapier trocknen. Lachsfilet in eine flache Schüssel legen. Arganöl, Sesam und Orangensaft mischen und den Lachs damit übergießen.

2 Weißwein, Apfelsaft, Zitronengras, Ingwer, etwas Salz und Pfeffer in einen Topf mit Dämpfeinsatz füllen. Den Sud zum Kochen bringen und den Lachs auf den Dämpfeinsatz setzen. Über dem Sud 7 bis 10 Minuten dämpfen.

3 Den Lachs im Anschluss mit zwei Gabeln etwas zerzupfen und mit etwas Salz und Arganöl abschmecken.

4 Für das Minzspargel-Carpaccio den Spargel waschen, schälen und mit dem Sparschäler in feine Streifen schneiden. Limettensaft, Minze, Rapsöl, Honig, etwas Räuchersalz und Malabarpfeffer mischen und den fein geschnittenen Spargel darin marinieren. Spargel abschmecken und zum Servieren auf kleine, tiefe Teller verteilen.

5 Den Sesamlachs üppig über den marinierten Spargel geben und sofort servieren.

Tipp Um diesem Gericht noch eine sommerlichere Note zu verleihen, einfach das Fruchtfleisch von 1 Mango in feine Würfel schneiden und zusammen mit dem Spargel marinieren.

Für 4 Personen

Für den Sesamlachs:
800 g Lachsfilet ohne Haut
1 EL Arganöl
3 EL Sesam, geröstet
Saft von 1 Orange
½ l Weißwein
250 ml Apfelsaft
2 Stängel Zitronengras, flach geklopft
3 Scheiben frischer Ingwer
grobes Meersalz
schwarzer Pfeffer, frisch gemahlen
geröstetes Arganöl

Für das Minzspargel-Carpaccio:
500 g weißer Spargel
Saft von 4 Limetten
5 Stängel Minze, gezupft
3 EL Rapsöl mit Butteraroma
1 EL Honig
Räuchersalz
Malabarpfeffer

Zubereitungszeit 30 Minuten

Jakobsmuscheln in Thymian-Karamell

1 Knoblauch und Schalotte abziehen und in feine Stifte schneiden. In einer Pfanne etwas Butter zum Schäumen bringen. Knoblauch, Schalotten und die Jakobsmuscheln hineingeben und darin von beiden Seiten 5 Minuten anbraten.

2 Jakobsmuscheln herausnehmen und in eine Schale geben. Mit Butter, Knoblauch und Schalotten übergießen.

3 Thymian waschen, trockenschwenken und die Blättchen abzupfen. Thymian, Argan-Olivenöl und Ahornsirup in derselben Pfanne bei mittlerer Hitze leicht karamellisieren.

4 Nach 5 Minuten die Jakobsmuscheln zugeben und unter stetem Wenden weitere 3-5 Minuten mit karamellisieren. Mit etwas Salz, Pfeffer und Muskatnuss abrunden.

Tipp Meine Lieblingsmuscheln in Bestform. Ideal auch als Begleiter von Risotto oder zusammen mit Spinatsalat ein schneller Snack.

Für 4 Personen
4 Soloknoblauchzehen
1 Schalotte
fein gesalzene Butter
12 ausgelöste Jakobsmuscheln
1 Bund Thymian
1 EL Argan-Olivenöl
1 EL Ahornsirup
Meersalz
schwarzer Pfeffer, frisch gemahlen
Muskatnuss, frisch gerieben

Zubereitungszeit 25 Minuten

Ingwer-Garnelen mit geröstetem Sesam

1 Riesengarnelen kalt abspülen und mit Küchenpapier trocknen. Knoblauch abziehen und in feine Würfel schneiden. Garnelen, Knoblauch, Ingwer, Argan-Olivenöl, Zitronenabrieb und Zitronensaft in einen Zipperbeutel füllen und gut miteinander vermischen. Über Nacht im Kühlschrank marinieren.

2 Die marinierten Garnelen etwa 1 Stunde vor dem Braten aus dem Kühlschrank nehmen. Butter in einer Pfanne aufschäumen und die marinierten Garnelen darin unter Wenden 7 bis 10 Minuten glasieren. Garnelen mit Salz und Pfeffer würzen und auf eine vorgewärmte Platte geben.

3 Sesam und etwas Meersalz in einer beschichteten Pfanne bei mittlerer Hitze 5 bis 7 Minuten rösten und im Anschluss auf den Garnelen verteilen. Mit etwas frischer Petersilie oder Dill verfeinern.

Tipp Dieses Gericht ist die optima(h)le Basis für schnelle und saisonale Variationen. Z.B. wenn man diese knackigen Garnelen zusammen mit dem Gurkenshooter (siehe Rezept Seite 54) oder mit einem Orangen-Fenchel-Salat (siehe Rezept Seite 66) serviert oder den Ingwer-Garnelen einfach einen geschmackvollen Boden mit einem Carpaccio Caesar Style (siehe Rezept Seite 106) bereitet.

Für 4 Personen

16 frische Riesengarnelen, gepult und entdarmt
2 Soloknoblauchzehen
2 EL frischer Ingwer, fein gewürfelt
2 EL Argan-Olivenöl
abgeriebene Schale und Saft von 1 unbehandelten Zitrone
2 EL fein gesalzene Butter
Meersalz
schwarzer Pfeffer, frisch gemahlen
6 EL heller Sesam
Blattpetersilie oder Dill, gehackt

Zubereitungszeit 20 Minuten plus 12 Stunden Marinierzeit

Gedämpfter Spargel auf Bärlauchrisotto

1 Spargel waschen, schälen und putzen. Gemüsebrühe, Lorbeerblätter, Knoblauchzehe, Kardamom und Orangenabrieb in einen Topf mit Dämpfeinsatz geben. Den Sud zum Kochen bringen und den Spargel im Dämpfeinsatz 12 Minuten dämpfen.

2 Für das Bärlauchrisotto Zwiebel und Knoblauch abziehen und in feine Würfel schneiden. Einen großen Topf erhitzen und Arborioreis, Zwiebel, Knoblauch und reichlich Arganöl unter ständigem Rühren anrösten.

3 Etwas heiße Gemüsebrühe angießen und einkochen lassen. Nach und nach die Gemüsebrühe zugeben und das Risotto 12 bis 15 Minuten garen. Mit Salz und Pfeffer abschmecken.

4 Mascarpone und Bärlauch unter das Risotto rühren und mit dem geriebenen Parmesan vermischen. Mit einem satten Strahl besten Olivenöls abrunden.

5 Bärlauchrisotto in einem warmen, tiefen Teller anrichten und je nach Gusto nochmals mit etwas fein geriebenem Parmesan abrunden. Den gedämpften Spargel dekorativ daraufsetzen.

Für 4 Personen

Für den gedämpften Spargel:
500 g weißer Spargel
½ l Gemüsebrühe
2 frische Lorbeerblätter
1 Knoblauchzehe
4 grüne Kardamomkapseln
abgeriebene Schale von
1 unbehandelten Orange

Für das Bärlauchrisotto:
200 g Arborioreis
1 weiße Zwiebel
1 Knoblauchzehe
Arganöl
1 l heiße Gemüsebrühe
grobes Meersalz
schwarzer Pfeffer, frisch gemahlen
1 EL Mascarpone
5 Blätter Bärlauch, in feinen Streifen
50 g Parmesan, fein gerieben
Olivenöl

Zubereitungszeit 50 Minuten

Tipp Frisch gedämpfter Spargel kann auch einfach mit etwas Bärlauch und Räuchersalz unter Zugabe von bestem Olivenöl mariniert eine schnelle, feine Vorspeise ergeben.

Gedämpfte Gemüsestifte

1 Gemüsebrühe, Apfelsaft, Kardamom und Fenchelsamen in einen Topf mit Dämpfeinsatz geben. Zum Kochen bringen und 10 Minuten einkochen.

2 Fenchel waschen, halbieren und den Strunk herausschneiden. Staudensellerie und Möhren waschen und putzen. Sellerie schälen und waschen. Fenchel, Möhren, Knollen- und Staudensellerie in feine Stifte schneiden.

3 Das Gemüse in den Siebeinsatz legen und im geschlossenen Topf 12 bis 15 Minuten dämpfen.

4 Die Gemüsestifte auf einer Platte verteilen, den Dämpfsud über ein Sieb abschütten, dabei den Sud auffangen. Sud in ein hohes Rührgefäß füllen, das Arganöl zugeben und mit dem Mixstab fein aufschäumen.

5 Die Sauce über die Gemüsestifte verteilen und je nach Gusto mit frisch gezupften Kräutern verfeinern.

Tipp Leicht, schnell und geschmackvoll. Mit gerösteten Brotwürfeln und Salat ein schöner Picknickbegleiter. Und als Bürosnack auch gerne kalt gegessen!

Für 4 Personen
250 ml Gemüsebrühe
150 ml naturtrüber Apfelsaft
4 grüne Kardamomkapseln, angedrückt
1 TL Fenchelsamen, geröstet
1 Fenchelknolle
4 Stangen Staudensellerie
2 Möhren
2 gelbe Möhren
1 Knollensellerie
2 EL Arganöl

Zubereitungszeit 30 Minuten

Marinierte Dicke Bohnen

Für 4 Personen

250 g Kartoffeln
Meersalz
2 EL Arganöl
6 EL Zitronensaft
schwarzer Pfeffer, frisch gemahlen
Currypulver
600 g Dicke Bohnen aus der Dose
3 Zwiebeln
1 Stange Staudensellerie
2 Bund Minze
2 EL Arganöl
2 EL Zitronensaft

Zubereitungszeit 30 Minuten

1 Die Kartoffeln waschen, schälen und in Salzwasser gar kochen. Kartoffeln abgießen und in feine Würfel schneiden.

2 Die lauwarmen Kartoffelwürfel in eine Schüssel geben. Arganöl, 4 Esslöffel Zitronensaft, etwas Salz, Pfeffer und Currypulver zugeben und gut unterheben. Kräftig abschmecken.

3 Dicke Bohnen abgießen. Zwiebeln abziehen und fein würfeln. Staudensellerie waschen, putzen und in feine Stifte schneiden. Dicke Bohnen, Zwiebeln und Staudensellerie unter die lauwarmen Kartoffelwürfel heben.

4 Minze waschen, trockenschwenken und zupfen. Minzeblättchen, Arganöl, Zitronensaft, etwas Salz und Pfeffer in einen hohen Rührbecher geben, mit dem Mixstab fein pürieren und die marinierten Bohnen damit verfeinern.

Afrikanisch-vegetarische Bolognese

1 Zucchini und Aubergine waschen und putzen. Zucchini und Aubergine in feine Würfel schneiden. Birne und Apfel waschen, halbieren und jeweils die Kerngehäuse entfernen. Apfel und Birne in feine Würfel schneiden.

2 Gemüsezwiebel, rote Zwiebeln und Knoblauch abziehen und anschließend fein würfeln.

3 Das vorbereitete Gemüse, Zwiebeln und Knoblauch in eine Schüssel füllen. Zitronenabrieb, Zitronensaft, Argan-Olivenöl, Tomatensaft, Ingwer, etwas Salz, Pfeffer, Cayennepfeffer und Zimt zugeben. Alle Zutaten vermischen und abgedeckt 2 Stunden ziehen lassen.

4 Die afrikanisch-vegetarische Bolognese z.B. einfach über sehr heiße Nudeln geben und mit etwas gezupftem frischem Majoran verfeinern.

Tipp Eine schmackhafte Alternative zum Klassiker und zusammen mit etwas gebratenem Rucola kommt auch wieder etwas Italien mit auf den Teller. Die Nudeln bitte mit reichlich Parmesanschnee servieren!

Für 4 Personen

1 Zucchini
1 Aubergine
1 Birne
1 Apfel
1 Gemüsezwiebel
2 rote Zwiebeln
2 Soloknoblauchzehen
abgeriebene Schale und Saft von 3 unbehandelten Zitronen
4 EL Argan-Olivenöl
6 EL Tomatensaft
1 EL frischer Ingwer, fein gewürfelt
Meersalz
schwarzer Pfeffer, frisch gemahlen
Cayennepfeffer
gemahlener Zimt
z.B. gekochte Nudeln als Beilage
frischer Majoran

Zubereitungszeit 20 Minuten plus 2 Stunden Ziehzeit

Fleisch

Carpaccio Caesar Style

1 Die Rinderfiletscheiben zwischen zwei Klarsichttüten mit dem Pfannenboden leicht plattieren. Arganöl, Honigsenf, Zitronensaft und Eigelbe in einen hohen Rührbecher füllen und mit dem Mixstab fein aufschäumen.

2 Sardellenfilets in feine Würfel schneiden. Kapern und Sardellenfilets unter die Mayonnaise heben. Römersalatherzen waschen, putzen und trockenschwenken. Römersalatherzen anschließend in feine Streifen schneiden.

3 Die Rinderfiletscheiben durch die Marinade ziehen und im Wechsel mit dem Römersalat in drei Schichten auf dem Teller stapeln.

4 Für die Croûtons das Toastbrot mit den Thymianblättchen in reichlich Olivenöl in einer Pfanne goldgelb ausbacken und noch warm leicht salzen.

5 Vor dem Servieren mit dem Sparschäler feine Späne vom gut gereiften Parmesan über das Carpaccio geben.

Für 4 Personen

500 g gut abgehangenes Rinderfilet, in 12 dünne Scheiben geschnitten
10 EL geröstetes Arganöl
1 EL Honigsenf
1 EL Zitronensaft
2 Eigelb
4 gewässerte Sardellenfilets
2 EL Kapern
4 Römersalatherzen

Für die Thymian-Croûtons:

2 Scheiben entrindetes Toastbrot, in feinen Würfeln
1 TL Thymianblättchen
Olivenöl
Meersalz
Parmesan

Zubereitungszeit 20 Minuten

Flanksteak Chermoula

1 Den Backofen auf 185 °C (Umluft 160 °C, Gas Stufe 2-3) vorheizen.

2 Das Flanksteak mit kaltem Wasser abspülen und mit Küchenpapier trocknen. Eine Pfanne erhitzen und das Steak von beiden Seiten 5 Minuten in der trockenen Pfanne anbraten und anschließend zum Ruhen auf ein Holzbrett legen.

3 Knoblauch abziehen und in feine Würfel schneiden. Eingelegte Zitrone kalt abwaschen, das Fruchtfleisch herauslöffeln und anschließend die Schale in feine Stifte schneiden.

4 Knoblauch, Zitronenschalenstifte, Cayennepfeffer, Kreuzkümmel, Safran, Petersilie, Koriandergrün, Minze, Zitronensaft, Arganöl und etwas Salz in einer Schüssel gut vermischen und das Flanksteak rundum damit einreiben.

5 Das Flanksteak in eine feuerfeste Form legen und im vorgeheizten Backofen bei 185 °C 12 bis 15 Minuten ausbacken, sodass es innen noch rosa ist.

Tipp In fingerdicke Stücke geschnitten ist das Flanksteak ein Gaumenschmaus zu Couscous sowie Salaten und schmeckt auch einfach mit Brot und Mayonnaise (Basisrezept siehe Seite 19).

Für 4 Personen

800 g Flanksteak
5 Knoblauchzehen
1 eingelegte Zitrone
1 TL Cayennepfeffer
1 TL gemahlener Kreuzkümmel
1 TL Safranpulver
2 EL Blattpetersilie, grob gehackt
2 EL Koriandergrün, grob gehackt
2 EL Minzeblättchen, grob gehackt
Saft von 1 Zitrone
5 EL geröstetes Arganöl
Meersalz

Zubereitungszeit 30 Minuten

Rinderfilet mit karamellisiertem Spargel

1 Den Backofen auf 65 °C vorheizen (Umluft 60 °C). Rosmarin und Thymian waschen und trockenschwenken. Knoblauchzehen mit dem Messerrücken andrücken. Kräuter und Knoblauch auf einem Backblech anhäufen.

2 Eine Pfanne erhitzen. Das Rinderfilet rundum ohne Fett anbraten. Dann auf das Backblech und auf die Kräuter legen. 10 Minuten ruhen lassen.

3 Das Fleisch mit einem guten Strahl Arganöl übergießen. Das Rinderfilet bei ca. 65 °C 4 Stunden im Backofen garen.

4 Für den karamellisierten Spargel den Spargel waschen, schälen und in dünne, schräge Scheiben schneiden. Knoblauchzehen abziehen und in feine Scheiben schneiden. Eine Pfanne oder einen Wok sehr stark erhitzen. Spargel, Knoblauch, Ingwer, Ahornsirup, Räuchersalz und etwas Butter in die Pfanne geben und karamellisieren.

5 Für die Tapenade Oliven, Parmesan, Arganöl, Räuchersalz und Limettensaft in einem hohen Rührbecher fein pürieren.

6 Das Rinderfilet in feine Tranchen schneiden und auf dem karamellisierten Spargel anrichten. Mit einer Nocke der Oliventapenade abrunden.

Tipp Dieses Gericht kann mit Rucola und dünnen Parmesanspänen verfeinert werden. Unbedingt erst auf dem Teller ausgiebig mit frisch gemahlenem Malabarpfeffer würzen.

Für 4 Personen

Für das Rinderfilet:
2 Bund frischer Rosmarin
1 Bund frischer Thymian
3 Knoblauchzehen
1 pariertes Rinderfilet (ca. 1,2 kg)
geröstetes Arganöl

Für den karamellisierten Spargel:
500 g weißer Spargel
3 Knoblauchzehen
2 EL frischer Ingwer, fein gewürfelt
3 EL Ahornsirup
1 TL Räuchersalz
fein gesalzene Butter

Für die Oliventapenade:
100 g schwarze Oliven, entkernt
5 EL Parmesan, fein gerieben
2 EL geröstetes Arganöl
1 TL Räuchersalz
Saft von 1 Limette

Zubereitungszeit 40 Minuten plus 4 Stunden Garzeit

Schweinefilet auf Apfel-Zimt-Arganöl-Butter

1 Den Backofen auf 75 °C vorheizen (Umluft 70 °C, Gas Stufe 1).

2 Eine Pfanne erhitzen. Schweinefilets kurz rundum in der Pfanne ohne Fett anbraten. Zitronenthymian waschen und trockenschwenken. Thymianzweige auf einem Backblech anhäufen. Die Filets aus der Pfanne nehmen, auf die Kräuter setzen und anschließend 10 Minuten ruhen lassen.

3 Danach das Backblech in den Backofen schieben und das Fleisch bei 75 °C 2 Stunden garen.

4 Die Äpfel waschen, halbieren und die Kerngehäuse entfernen. Die Äpfel fein würfeln. Zwiebeln abziehen und klein schneiden.

5 Eine Pfanne erhitzen. Butter, Äpfel, Zwiebeln, Ingwer und Zimtstangen hineingeben, schwenken und 7 Minuten garen. Arganöl zugeben und mit Muskat sowie Salz und Pfeffer abrunden.

6 Die Schweinefilets in sehr dünne Scheiben schneiden. Scheiben auf Tellern verteilen und mit den marinierten Äpfeln servieren.

Tipp Als Beilage zum Schweinefilet passt sehr gut Couscous.

Für 4 Personen
2 parierte Schweinefilets
1 Bund Zitronenthymian
4 Äpfel
2 weiße Zwiebeln
2 EL fein gesalzene Butter
2 EL frischer Ingwer, fein gewürfelt
2 Zimtstangen
2 EL Arganöl
Muskatnuss, frisch gerieben
Meersalz
schwarzer Pfeffer, frisch gemahlen

Zubereitungszeit 40 Minuten plus 2 Stunden Garzeit

Rinderfilettranchen mit Ingwer-Knoblauch

1 Eine Pfanne erhitzen. Die Rinderfilettranchen mit der unbeschnittenen Seite in der heißen Pfanne ohne Fett sehr scharf anbraten.

2 Knoblauchzehen mit dem Messerrücken andrücken. Die Hitze reduzieren und Rosmarin, Knoblauch und etwas Butter hinzufügen. Dann 7 bis 10 Minuten langsam garen. Die Filettranchen werden von unten zart gegart und bleiben in den feinen Rauten roh.

3 Für den Ingwer-Knoblauch die Knoblauchzehen abziehen und in Scheiben schneiden. Eine Pfanne erhitzen. Etwas Rapsöl hineingeben und Knoblauch- und Ingwerscheiben darin 7 bis 10 Minuten langsam knusprig ausbacken.

4 Knoblauch- und Ingwerscheiben nach dem Ausbacken gut abtropfen lassen und im Arganöl und Agavendicksaft sowie in reichlich Salz marinieren. Den Ingwer-Knoblauch auf den fertigen Rinderfilettranchen verteilen und mit Salz und Pfeffer abrunden.

Tipp Zu den Rinderfilettranchen passt gut ein frischer Rucolasalat.

Für 4 Personen

Für die Rinderfilettranchen:
4 Rinderfilettranchen à 250 g, nur von einer Seite fein über Kreuz bis zu 1/3 eingeschnitten
2 Soloknoblauchzehen
4 Zweige Rosmarin
fein gesalzene Butter

Für den Ingwer-Knoblauch:
6 Soloknoblauchzehen
Rapsöl mit Butteraroma
6 EL frischer Ingwer, in Scheiben geschnitten
1 EL Arganöl
1 EL Agavendicksaft
Meersalz
schwarzer Pfeffer, frisch gemahlen

Zubereitungszeit 30 Minuten

Zitronen-Entenkeulen mit Schmorquitten

1 Entenkeulen mit kaltem Wasser abspülen und mit Küchenpapier trocknen. Eingelegte Zitronen kalt abwaschen, das Fruchtfleisch herauslöffeln und die Schale in feine Stifte schneiden. Zitronenschale, Zitronensaft und Arganöl in die Entenkeulen einmassieren. Entenkeulen in einen großen Plastikbeutel geben. Den Beutel verschließen und über Nacht die Entenkeulen marinieren.

2 Quitten waschen, schälen und die Kerngehäuse entfernen. Quitten achteln. Gemüsezwiebeln abziehen und achteln. Einen großen Bräter erhitzen. Quitten, Zwiebeln, Ingwer, Zimtstangen, Kardamom und Honig hineingeben und darin glasieren.

3 Die marinierten Entenkeulen darauflegen, den Weißwein angießen, mit dem Deckel des Bräters verschließen und 30 Minuten bei 225 °C schmoren (Umluft 200 °C, Gas Stufe 4-5). Anschließend unter mehrfachem Wenden die Keulen ohne Deckel weitere 15 Minuten kross weitergaren.

4 Die Zitronen-Entenkeulen vor dem Servieren mit frisch gezupfter Blattpetersilie oder Koriandergrün dekorieren.

Für 4 Personen

Für die Zitronen-Entenkeulen:
4 Entenkeulen
2 eingelegte Zitronen
Saft von 2 Zitronen
3 EL geröstetes Arganöl

Für die geschmorten Quitten:
4 Quitten
2 Gemüsezwiebeln
2 EL frischer Ingwer, fein gewürfelt
2 Zimtstangen
2 EL grüne Kardamomkapseln
4 EL Honig
400 ml Weißwein
Blattpetersilie oder Koriandergrün zum Dekorieren

Zubereitungszeit 1 Stunde plus 12 Stunden Marinierzeit

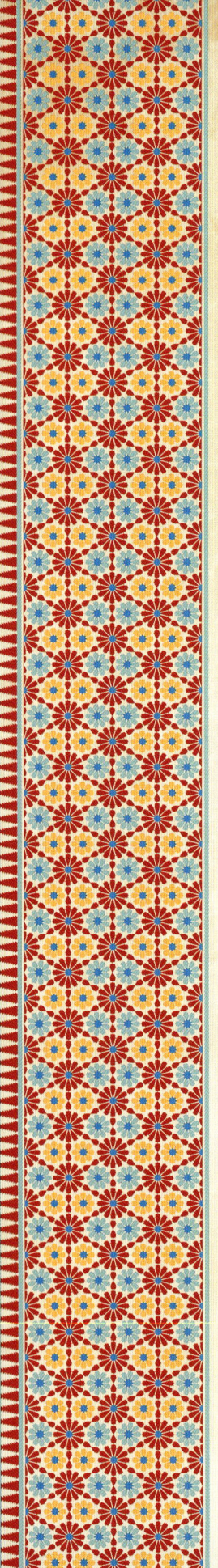

Kalbsleber auf Schmorzwiebeln

Für 4 Personen

Für die Kalbsleber:
4 Scheiben Kalbsleber (à 400 g)
1 l Milch
4 Zweige Thymian
6 EL Couscous
Meersalz
3 EL Argan-Olivenöl
1 EL fein gesalzene Butter

Für die Schmorzwiebeln:
2 Knoblauchzehen
3 Gemüsezwiebeln
1 EL Fenchelsamen
1 TL gemahlener Kreuzkümmel
2 EL geröstetes Arganöl
100 ml Apfelsaft
Meersalz

Zubereitungszeit 1 Stunde plus 2 Stunden Ziehzeit

1 Die Kalbsleberscheiben waschen und mit Küchenpapier trocknen, Kalbsleber 2 Stunden in der Milch einlegen. Anschließend herausnehmen und mit Küchenpapier gut abtupfen.

2 Thymian waschen, trockenschwenken und zupfen. Thymianblättchen, Couscous und etwas Salz in einem Teller mischen. Die Kalbsleber darin wenden.

3 Eine beschichtete Pfanne erhitzen. Argan-Olivenöl und Butter hineingeben und die Kalbsleber darin von beiden Seiten 5 bis 7 Minuten braten.

4 Für die Schmorzwiebeln Knoblauch und Zwiebeln abziehen und in feine Würfel schneiden. Knoblauch, Zwiebeln, Fenchel, Kreuzkümmel, Arganöl, Apfelsaft und etwas Salz in einem Topf zum Kochen bringen. Schmorzwiebeln bei mittlerer Hitze 20 Minuten einkochen.

5 Die Schmorzwiebeln auf Tellern verteilen und die Kalbsleberscheiben daraufsetzen.

Tipp Gerne zusammen mit Selleriepüree (siehe Rezept Seite 84) servieren.

Backofen-Tafelspitz

1 Einen Bratentopf erhitzen. Die Zwiebel ungeschält halbieren und auf der Schnittfläche trocken bei hoher Hitze kross anbraten.

2 Möhren und Kartoffeln schälen und grob würfeln. Staudensellerie waschen, putzen und grob würfeln. Lauchstange längs aufschneiden und den Lauch gründlich waschen. Anschließend den Lauch in grobe Stücke schneiden.

3 Möhren, Kartoffeln, Staudensellerie, Lauch, Lorbeerblätter, Piment, Szechuanpfeffer, Kardamom, Fenchelsamen, Kreuzkümmel, Zimtstange, die eingelegte Zitrone, etwas Salz mit Argan-Olivenöl zur aufgeschnittenen Zwiebel in den Topf geben und kurz glasieren.

4 Tafelspitz kalt waschen, mit Küchenpapier trocknen und zu dem Gemüse in den Topf geben. Mit der Kalbsbrühe auffüllen, den Deckel auflegen und etwa 5 Stunden bei 100 °C (Gas Stufe 1) im Backofen bei Ober-/Unterhitze zart garen lassen.

5 Auf das gegarte Fleisch etwas frisch geriebenen Meerrettich und einen kräftigen Strahl geröstetes Arganöl geben.

Für 4 Personen

1 Gemüsezwiebel
3 Möhren
6 Kartoffeln
6 Stangen Staudensellerie
1 Lauchstange
4 frische Lorbeerblätter
1 TL Piment
1 TL Szechuanpfeffer
1 TL grüne Kardamomkapseln
1 TL Fenchelsamen
1 TL gemahlener Kreuzkümmel
1 Zimtstange
1 eingelegte Zitrone
Salz
4 EL Argan-Olivenöl
1,5 kg Tafelspitz
2 l Kalbsbrühe
Meerrettich, frisch gerieben
geröstetes Arganöl

Zubereitungszeit 20 Minuten plus 5 Stunden Garzeit

Und so gelingt das Rezept in der Tajine!

Lammfinger auf Parmesanschaum

Für 4 Personen

12 Lammfinger (Unterrückenfilet, küchenfertig ohne Sehnen)
4 Zweige Rosmarin
4 Soloknoblauchzehen
4 rote Zwiebeln
Olivenöl
200 g Sahne
4 EL Arganöl
8 EL Parmesan, fein gerieben
Meersalz
schwarzer Pfeffer, frisch gemahlen

Zubereitungszeit 20 Minuten

1 Eine beschichtete Pfanne auf höchster Stufe erhitzen. Die Lammfinger mit kaltem Wasser abspülen, mit Küchenpapier trocknen und auf beiden Seiten 5 bis 7 Minuten in der Pfanne anrösten.

2 Rosmarin waschen und trockenschwenken. Knoblauch abziehen und grob würfeln. Zwiebeln abziehen und in grobe Stücke schneiden.

3 Die Lammfinger aus der Pfanne nehmen und 5 Minuten auf einem Holzbrett ruhen lassen. In der noch heißen Pfanne Rosmarin, Knoblauch und Zwiebeln in etwas Olivenöl kurz glasieren und über den Lammfingern verteilen.

4 Sahne, Arganöl und Parmesan in der noch heißen Pfanne unter ständigem Rühren 5 Minuten einkochen. Anschließend Lammfinger, Rosmarin, Zwiebeln und Knoblauch wieder zugeben und unter ständigem Wenden 3 bis 5 Minuten mitkochen. Parmesanschaum mit Salz und Pfeffer abschmecken.

5 Einen Spiegel aus Parmesanschaum auf den Tellern verteilen. Lammfinger schräg anschneiden und daraufsetzen.

Krosse Kalbsbällchen auf Schmorgurken

Für 4 Personen

500 g Kalbshackfleisch
2 Eier
1 altbackenes Brötchen, fein gerieben
6 Zweige Zitronenthymian
abgeriebene Schale von
1 unbehandelten Zitrone
1 EL Arganöl
Meersalz
schwarzer Pfeffer, frisch gemahlen
Muskatnuss, frisch gerieben
gemahlener Zimt
2 EL Argan-Olivenöl
1 Salatgurke
1 Apfel
nach Wunsch saure Sahne

Zubereitungszeit 30 Minuten

1 Kalbshackfleisch, Eier und das geriebene Brötchen in eine Schüssel füllen. Zitronenthymian waschen, trockenschwenken und die Blättchen abzupfen. Zitronenthymianblättchen, Zitronenabrieb, Arganöl, etwas Salz, Pfeffer, Muskat und Zimt hinzufügen.

2 Alle Zutaten gut vermischen und kleine Bällchen formen. 1 Esslöffel Argan-Olivenöl in einer Pfanne erhitzen. Kalbsbällchen darin langsam kross ausbraten.

3 Salatgurke schälen, der Länge nach aufschneiden und die Kerne mit einem Löffel herauskratzen. Gurke grob würfeln. Apfel waschen, halbieren und das Kerngehäuse entfernen. Den Apfel ungeschält grob würfeln.

4 1 Esslöffel Argan-Olivenöl in einer Pfanne erhitzen. Apfel- und Gurkenstücke darin bei mittlerer Hitze 7 Minuten leicht glasieren. Nach Wunsch mit etwas saurer Sahne abrunden. Zu den Kalbsbällchen servieren.

Pochierte Hähnchenbrust mit Spargel

1 Geflügelfond, Kardamom, Lorbeerblätter und Zimtstange in einen Topf geben. Sud zum Kochen bringen und 5 Minuten einkochen. Anschließend auf mittlerer Stufe wallend warm halten.

2 Die Hähnchenbrustfilets kalt abspülen und mit Küchenpapier trocknen. Hähnchenbrustfilets in den wallenden Sud geben und bei geschlossenem Deckel 10 bis 12 Minuten pochieren. Die Hähnchenbrustfilets herausnehmen und den Sud über einem Sieb abschütten. Den Fond dabei auffangen.

3 Den Fond mit Zitronenabrieb und Zitronensaft sowie Arganöl mit dem Mixstab aufschäumen.

4 Spargel waschen, putzen und in Rauten schneiden. Knoblauch abziehen und fein würfeln. Etwas gesalzene Butter in einer Pfanne erhitzen und darin den Spargel, Knoblauch und die Mandelstifte 7 Minuten gut anrösten.

5 Den Spargel auf Tellern anrichten und darauf je 1 Hähnchenbrust setzen. Die pochierte Hähnchenbrust mit der Zitronen-Arganöl-Emulsion beträufeln.

Für 4 Personen
250 ml Geflügelfond
4 grüne Kardamomkapseln
2 Lorbeerblätter
1 Zimtstange
4 Hähnchenbrustfilets ohne Haut à 120 g
abgeriebene Schale und Saft von 4 unbehandelten Zitronen
4 EL Arganöl
500 g grüner Spargel
4 Soloknoblauchzehen
gesalzene Butter
2 EL Mandelstifte

Zubereitungszeit 30 Minuten

Hähnchenbruststreifen in Curry-Kokosmilch

1 Hähnchenbrust mit kaltem Wasser abspülen und mit Küchenpapier trocknen. Hähnchenbrust in fingerdicke Streifen schneiden. Eine Pfanne erhitzen und darin die Hähnchenbruststreifen ohne Fett beidseitig 5 Minuten rösten. Anschließend herausnehmen und auf einem Teller ruhen lassen.

2 Äpfel schälen, halbieren und das Kerngehäuse entfernen. Äpfel fein würfeln. Banane schälen und grob würfeln.

3 Schalotte abziehen und in feine Würfel schneiden. Etwas Olivenöl in die noch heiße Pfanne geben, Currypulver hinzufügen und Äpfel, Banane, Schalotte darin glasieren.

4 Kokosmilch zugeben und 3 Minuten einkochen. Den Pfanneninhalt im Standmixer aufschäumen und mit Arganöl, Salz und Pfeffer abrunden.

5 Die Hähnchenstreifen nochmals in die Pfanne geben und 3 Minuten nachrösten. Mit dem Kokosschaum übergießen und sofort servieren.

Für 4 Personen
1 ausgelöste Hähnchenbrust ohne Haut
2 Boskopäpfel
1 Banane
1 Schalotte
Olivenöl
1 EL Currypulver
1 Dose Kokosmilch
1 EL Arganöl
Meersalz
schwarzer Pfeffer, frisch gemahlen

Zubereitungszeit 30 Minuten

Süßes

Kokos-Crème-Caramel

1 Den Backofen auf 180 °C (Umluft 160 °C, Gas Stufe 2-3) vorheizen.

2 Kokosmilch, Zucker, Arganöl, Safranfäden und Kardamom in einen Topf geben und zum Kochen bringen. Topfinhalt durch ein Sieb in eine Schüssel abseihen. Masse abkühlen lassen.

3 Nach dem Abkühlen die Eier verquirlen und mit dem Schneebesen unter die Kokosmasse rühren.

4 Für das Karamell den Zucker in einer beschichteten Pfanne schmelzen. 5 Esslöffel heißes Wasser zugeben und unter Rühren zu Karamell verarbeiten. Das Karamell auf vier feuerfeste Förmchen verteilen und mit der vorbereiteten Kokoscreme auffüllen.

5 Die Förmchen auf ein Backblech setzen. Das Backblech etwa 1 Zentimeter hoch mit Wasser füllen. Die Kokos-Crème-Caramel im Backofen bei 180 °C 50 Minuten garen.

Tipp Gut vorzubereiten und mit ein paar frischen Früchten immer auch ein Augenschmaus.

Für 4 Personen

Für die Kokoscreme:
600 ml Kokosmilch
100 g Feinzucker
1 EL geröstetes Arganöl
1 TL Safranfäden
1 TL grüne Kardamomkapseln
5 Eier

Für das Karamell:
5 EL Feinzucker

Zubereitungszeit 1 Stunde 10 Minuten

Mango-Granita

1 Zucker, 50 Milliliter kaltes Wasser und Arganöl in einen Topf füllen und bei mittlerer Hitze unter ständigem Rühren 7 bis 10 Minuten köcheln lassen, bis sich der Zucker vollständig aufgelöst hat.

2 Lorbeerblatt, Kardamomkapseln und Orangenblütenwasser hinzufügen. Die Mischung vom Herd nehmen und etwa 30 Minuten unter mehrfachem Rühren aromatisieren lassen. Anschließend Lorbeerblatt und Kardamomkapseln herausnehmen.

3 Die Granita-Basis in eine Stahlschüssel füllen und den Mangosaft zugeben. Die Mischung in den Tiefkühlschrank stellen und etwa 2 Stunden anfrieren lassen.

4 Granita mithilfe einer Gabel und mit einem Schneebesen durchrühren. Danach weitere 30 Minuten in den Tiefkühlschrank stellen und anschließend in kleine Portionsgläser gefüllt servieren.

5 Die servierbereite Granita mit ein wenig gezupfter Minze garnieren.

Für 4 Personen

150 g extrafeiner Zucker
1 EL Arganöl
1 frisches Lorbeerblatt
2 grüne Kardamomkapseln
2 EL Orangenblütenwasser
1 l Mangosaft
frische Minze, gezupft

Zubereitungszeit 40 Minuten
plus 2 Stunden 30 Minuten Kühlzeit

Tipp Anstelle von Mangosaft kann jeder Lieblingsfruchtsaft verwendet werden. Für Gäste eignet sich besonders gut ein Dreierlei von Granitas, das man dekorativ in Gläser schichtet.

Wissen Granitas nennt man die süßen, meist bunten Eisspeisen. Sie werden immer auf Basis von Wasser, Zucker und Fruchtaromen hergestellt. Granitas kann man problemlos auch ohne Eismaschine zubereiten, weil sie prinzipiell nicht so fein in der Konsistenz sind. Man benötigt lediglich einen Tiefkühlschrank, eine Schüssel sowie eine Gabel und einen Schneebesen.

Pochierte Safranbirnen

Für 4 Personen

4 feste Birnen
5 EL Honig
2 EL geröstetes Arganöl
abgeriebene Schale und Saft von 3 unbehandelten Zitronen
200 ml Weißwein
1 TL Safranfäden
1 Zimtstange
2 Zweige frischer Thymian
2 Zweige getrockneter Lavendel
Crème fraîche

Zubereitungszeit 40 Minuten

1 Birnen schälen und in einen kleinen Topf geben, in den die Birnen so gerade hineinpassen.

2 Honig, Arganöl, Zitronenabrieb (etwas Abrieb für die Dekoration zurückhalten), Zitronensaft, Weißwein, Safran, Zimtstange, Thymian und Lavendel in einem zweiten Topf zum Kochen bringen. Die Zitronen-Honig-Mischung über die geschälten Birnen geben.

3 Alles zum Kochen bringen und bei geschlossenem Deckel bei mittlerer Hitze weich köcheln lassen. Anschließend die Birnen im Topf ohne Deckel langsam abkühlen lassen.

4 Die Birnen auf Tellern anrichten und mit etwas angeschlagener Crème fraîche und Zitronenabrieb servieren.

Tipp Wenn man die pochierten Safranbirnen abgekühlt in Fächer schneidet und dann mit etwas Zucker abflämmt, wird aus einem Dessert ein ganz großes Gaumenkino.

Quark-Arganöl-Blechkuchen

Für 4 Personen

Für den Quark-Arganöl-Teig:
200 g Sahnequark
6 EL Milch
8 EL geröstetes Arganöl
400 g Mehl, gesiebt
150 g Feinzucker
1 1/2 Päckchen Backpulver
1 Päckchen Vanillezucker
Arganöl für das Blech

Für den Belag:
750 g Obst (z. B. entsteinte, halbierte Pflaumen, Rhabarber, in feine Stifte geschnitten, fein geschnittene Apfelspalten)

Für die Streusel:
300 g Mehl, gesiebt
200 g Feinzucker
125 g weiche Butter
3 EL geröstetes Arganöl

Zubereitungszeit 30 Minuten plus 15 Minuten Ruhezeit und 45 Minuten Backzeit

1 Den Backofen auf 200 °C (Umluft 180 °C, Gas Stufe 3-4) vorheizen.

2 Quark, Milch, Arganöl, Mehl, Zucker, Backpulver und Vanillezucker in eine Schüssel füllen. Alle Zutaten gut miteinander verkneten und 15 Minuten bei Zimmertemperatur ruhen lassen.

3 Ein Backblech mit Arganöl einfetten. Den Teig auf dem gefetteten Backblech ausbreiten und je nach Gusto mit frischem Obst belegen.

4 Für die Streusel Mehl, Zucker, Butter und Arganöl in eine Schüssel füllen. Alle Zutaten rasch vermengen und mit den Händen zu feinen Bröseln verarbeiten. Die Streusel über dem Obst verteilen.

5 Den Blechkuchen im vorgeheizten Backofen bei 200 °C (Umluft 180 °C, Gas Stufe 3-4) etwa 45 Minuten backen.

Mandelmilchpudding

1 Milch, Zucker und Arganöl in einen Topf füllen und langsam unter Rühren zum Kochen bringen.

2 Maisstärke und Mandelstifte unter ständigem Rühren zugeben. Anschließend den Mandelmilchpudding in Gläser oder Schalen umfüllen und 2 Stunden im Kühlschrank kalt stellen.

3 Vor dem Servieren den Pudding mit etwas Zimt bestreuen.

Tipp Gerne serviere ich zu diesem Kindheitspudding ein paar eingekochte Zwetschgen. Nur noch durch untergehobenes Puderzucker-Eiklar in Schneeform zu lockern!

Tipp Mandelpudding ist eine feine Basis und kann ganz einfach variiert werden. Z.B. pro Person 2 entkernte und geviertelte Pflaumen in etwas geschäumter Butter schwenken und mit 1 Zimtstange und 1 Prise Salz ca. 5 Minuten glasieren. Anschließend je nach Geschmack mit Zucker, abgeriebener Zitronenschale oder auch Ahornsirup abschmecken.

Für 4 Personen

500 ml Milch
100 g Feinzucker
1 EL geröstetes Arganöl
70 g Maisstärke
50 g Mandelstifte, geröstet
gemahlener Zimt

Zubereitungszeit 10 Minuten plus 2 Stunden Kühlzeit

Noch warm zum Pudding gereicht ein ganz besonderer Genuss. Und wenn's nur für die Erwachsenen sein soll, dann darf auch gerne Hochprozentiges an die Pflaume.
Oder man stellt einen schnellen Minzzucker als Topping her: Hierfür 1 Bund gezupfte frische Minzeblättchen in feine Streifen schneiden. Mit 6 Esslöffel braunem Zucker vermengen und die Mischung fest mit einem Löffel pressen. Leicht aufgelockert streut man den Minzzucker über den Mandelpudding und/oder die Pflaumen.

Saftiger Amarettokuchen

1 Den Backofen auf 175 °C (Umluft 160 °C, Gas Stufe 2) vorheizen.

2 Puderzucker, Mehl, Speisestärke, Vanillezucker, Backpulver, Amaretto, Arganöl und aufgeschlagene Eier in eine Schüssel geben. Alle Zutaten zu einem glatten Teig verrühren.

3 Amarettini in einen Gefrierbeutel füllen, verschließen und mit dem Nudelholz zerbröseln. Eine Backform mit etwas Arganöl einfetten und gleichmäßig mit den Amarettinibröseln ausstreuen.

4 Den Teig gleichmäßig in der Backform verteilen. Den Amarettokuchen im vorgeheizten Backofen bei 175 °C etwa 60 Minuten backen.

Tipp Den Amarettokuchen noch warm anschneiden und mit halb geschlagener Vanillesahne servieren.

Für 4 Personen

250 g Puderzucker
150 g Mehl, gesiebt
100 g feine Speisestärke
1 Päckchen Vanillezucker
1 Päckchen Backpulver
1 Tasse Amaretto
1 Tasse geröstetes Arganöl
5 Eier
50 g Amarettini
Arganöl für die Form

Zubereitungszeit 20 Minuten plus 1 Stunde Backzeit

Muddis mächtiger Milchreis

1 500 Gramm Sahne, Milch, Milchreis, Zitronenabrieb und Salz in einen Topf füllen. Alles einmal aufkochen und dann mit geschlossenem Deckel bei niedrigster Temperatur unter mehrfachem Rühren 35 bis 40 Minuten ziehen lassen.

2 Die restliche Sahne und den Vanillezucker in einen hohen Rührbecher geben. Sahne steif schlagen und unter den fertigen Milchreis heben.

3 Mandelblätter mit etwas Feinzucker in einer beschichteten Pfanne sanft rösten. Geröstete Mandeln und Arganöl vermischen und anschließend über dem Milchreis verteilen.

Tipp Fein geschnittene Trockenfrüchte, wie z. B. Pflaumen, Datteln oder Sultaninen, runden den mächtigen Milchreis wunderbar ab.

Tipp Ein ganz besonderer Genuss ergibt sich, wenn man den Milchreis löffelweise in ein Glas schichtet und mit Honig verfeinert. Als Zwischenschicht eignen sich ein paar angeröstete Mandelblätter. Somit taucht man mit jedem Löffel in die Aromenwelt Marokkos ein. Heißer Minztee rundet dieses Dessert vortrefflich ab. Halbiert man die Milchreismenge nach dem Kochen und gibt in den abzukühlenden Milchreis 1 Stange Zimt zum Aromatisieren, in die andere Hälfte 1 aufgeschnitte Vanilleschote, hat man schon eine geschmackvolle Variation zum Schichten für das Dessert.

Für 4 Personen

700 g Sahne
½ l Milch
200 g Milchreis
abgeriebene Schale von
2 unbehandelten Zitronen
1 Prise Salz
1 EL Vanillezucker
3 EL Mandelblätter
Feinzucker
1 EL Arganöl

Zubereitungszeit 20 Minuten plus 35–40 Minuten Ziehzeit

Orangensalat mit Limettengeleewürfel

Für 4 Personen

Für den Orangensalat:
4 kernlose Orangen
1 EL Arganöl
abgeriebene Schale und Saft von
1 unbehandelten Orange und 1 Zitrone
1 EL brauner Zucker

Für das Limettengelee:
20 g Gelatine
600 ml Limettensaft
3 EL Feinzucker

Für den Minzzucker:
1 Bund Minze
3 EL Feinzucker

Zubereitungszeit 40 Minuten plus 4 Stunden Kühlzeit

1 Orangen schälen und in fingerdicke Scheiben schneiden. Je 1 geschnittene Orange auf den Desserttellern zu einer Blüte auslegen.

2 Arganöl, Zitrusabrieb, Zitronen- und Orangensaft und braunen Zucker vermischen und über den Orangenscheiben verteilen. Die Mischung 20 Minuten ziehen lassen.

3 Für die Limettengeleewürfel Gelatine und 100 Milliliter kaltes Wasser in einen Topf füllen und bei niedriger Temperatur unter Rühren langsam auflösen. Limettensaft und Zucker unter ständigem Rühren zugeben. Die Geleemasse in eine eckige Auflaufform fingerhoch einfüllen und im Kühlschrank abgedeckt 4 Stunden fest werden lassen.

4 Limettengelee aus der Form stürzen und in gleichmäßige Würfel oder Rauten schneiden. Limettengeleewürfel über den Orangenscheiben verteilen.

5 Für den Minzzucker die Minze waschen, trockenschwenken und zupfen. Minzeblätter und Zucker mit dem Stabmixer fein zerstäuben und sofort über dem Salat verteilen.

Die gesunde und heilende Kraft von Arganöl

Die Berberfamilien der Arganerie (so wird das Biosphärenreservat im Süden Marokkos genannt, in dem die Arganbäume kultiviert werden) und die traditionelle marokkanische Medizin verwenden das original handgepresste Arganöl schon seit Jahrhunderten als Lebensmittel, zur Haut- und Haarpflege sowie als Heilmittel. Es ist Bestandteil der traditionellen Lebensweise und Ernährung und gilt als Elixier, das die Gesundheit erhält und die Schönheit bewahrt. Diese vielseitigen Anwendungen des kostbaren Arganöles haben Wissenschaftler auf der ganzen Welt dazu animiert, den Inhaltsstoffen dieses »Wunderöles« auf den Grund zu gehen.

Hochwertige Fettsäuren

Umfangreiche Forschungen und Studien bringen immer mehr Erkenntnisse darüber, welches Geheimnis dieses wunderbare Öl in sich birgt.

Der Weg von der Arganfrucht zum Öl ist ein langer: Die gelben reifen Früchte des Arganbaums schrumpfen in der Sonne um die Hälfte ihrer Größe und werden braun. In anschließender Handarbeit werden die Schalen von den Kernen (Mandeln) getrennt und aus diesen die Samen geklopft (vgl. Seite 9f.). In diesen Samen liegt das Gold Marokkos, aus ihnen wird das kostbare Öl gewonnen.

Einigkeit herrscht schon lange bei Köchen, wie bei Medizinern und Pharmazeuten: Das original handgepresste Arganöl mit seinem fein-nussigen Aroma schmeckt fantastisch und hat eine außergewöhnlich hohe ernährungsphysiologische Wertigkeit. 80 Prozent der enthaltenen Fettsäuren sind hochwertige ungesättigte Verbindungen. Arganöl hat zudem einen besonders hohen Anteil an Tocopherolen und Antioxidanzien, welche als Radikalenfänger zellschützend wirken sowie weitere Bestandteile mit medizinischer Indikation enthalten sollen.

Antikanzerogene Wirkung

Professor Robert Owen vom Nationalen Zentrum für Tumorerkrankungen am Deutschen Krebsforschungszentrum in Heidelberg meint zu dem außergewöhnlich hohen Gehalt an Antioxidanzien: »Besonders stach das sogenannte Gamma-Tocopherol hervor. Verschiedene Studien legen den Schluss nahe, dass diese Vitamin-E-Form das Krebsrisiko senken kann. Arganöl enthält besonders viel davon und weitere antikanzerogene Substanzen.«

Die marokkanische Biochemie-Professorin Zoubida Charrouf fand beachtliche Mengen von Alpha-Tocopherolen (pro Liter 620 Milligramm – doppelt so viel wie in Olivenöl). Sie können nachweislich koronaren Herzerkrankungen, Alzheimer, Prostatakrebs, Rheuma und Gelenkerkrankungen entgegenwirken. Arganöl kann den Cholesterinspiegel signifikant senken. In der Arganfrucht wurden außerdem Quercitine und Myricetine

Arganöl ist nicht nur bei Feinschmeckern, die das fein-nussige Aroma schätzen, beliebt, sondern auch in der Naturheilkunde für seine positiven Auswirkungen auf die Gesundheit bekannt.

nachgewiesen, die Pilze und Bakterien bekämpfen. Kein anderes Pflanzenöl besitzt diese einzigartige Kombination pflanzlicher Sterole, vor allem Spinasterol und Schottenol, die derzeit als Wirkstoff

gegen Krebs im Fokus des Forschungsinteresses stehen. Der Grund dafür: Brustkrebs und Prostatakrebs kommen bei den in der Arganerie lebenden Berbern, die sich u. a. mit dem Arganöl ernähren, kaum vor. Weitere Studien erforschen die Wirksamkeit von Arganöl bei rheumatischen Erkrankungen, bei Herzleiden und Hautproblemen.

Wirksam bei Neurodermitis

Ebenfalls im Blickpunkt der Wissenschaft: die äußerliche Anwendung des Öls. Dermatologen und Kosmetiklabors haben das Argan-Hautöl von Argand'Or als Hoffnungsträger entdeckt. Vor allem bei Hauterkrankungen kann die äußerliche Anwendung eine wohltuende und lindernde Alternative zu den oft aggressiven Pharmazeutika sein. Bei Neurodermitis, Schuppenflechte und Ekzemen kann der Juckreiz zurückgehen, Entzündungen und Verbrennungen können schneller heilen. Der plastisch-ästhetische Chirurg Prof. Dr. Ralf-Thomas Michel berichtet über sehr gute Erfahrungen mit dem Argan-Hautöl von Argand'Or: Operationsnarben heilen besser, und Schwangerschaftsstreifen bilden sich schneller zurück, Hautfalten verlieren an Tiefe und glätten sich, Krähenfüße werden gemildert. Viele marokkanische Frauen nehmen jeden Morgen einen Teelöffel Arganöl mit etwas Honig. Das soll der Grund sein, warum sie bis ins hohe Alter jugendlich bleiben und eine glatte und gesunde Haut besitzen.

Anwendungsgebiete von Arganöl in der Naturheilkunde

Arganöl wird in der Naturheilkunde als Prophylaxe eingesetzt bei:

- Herzkreislauf-Beschwerden
  - Arteriosklerose
  - Bluthochdruck
  - Durchblutungsstörungen
- Koronaren Herzerkrankungen
- Senkung des Herzinfarktrisikos
- Hautproblemen
  - Akne
  - Ekzeme
  - Neurodermitis
  - Sonnenbrand
  - Haarprobleme
  - Haarausfall
  - Sprödes Haar
- Fettstoffwechselstörungen
- Alzheimer
- Parkinson
- Bindegewebsschwäche
  - Cellulite
- Gelenkerkrankungen
  - rheumatische Erkrankungen
- Senkung des Krebsrisikos (Brust, Haut, Prostata)
  - als antioxidative Vorsorgemaßnahme
- Wechseljahresbeschwerden (als natürliches Hormon)

Positive Wirkungen des Arganöls

- antioxidativ
- desinfizierend
- feuchtigkeitsspendend
- pilztötend (fungizid)
- bakterientötend (bakterizid)
- durchblutungsfördernd
- zellverjüngend (Anti-Aging-Mittel, abwehrstärkend, Anti-Stress-Mittel)
- immunstärkend

Arganöl gibt es im Handel zu kaufen. U. a. von der Argand'Or GmbH, die mit ihrer Arbeit die Frauenkooperativen der U.C.F.A. (Union des Coopératives des Femmes de l'Arganeraie) in ihrem Bestreben unterstützt, die überlieferte traditionelle Herstellung des Arganöls mittels Handpressung und die einzigartige Kulturlandschaft der Arganbäume zu erhalten.

Rezeptregister

Afrikanisch-vegetarische Bolognese 102
Amarettokuchen, saftiger 134
Aromatisch eingelegtes Gemüse 31
Ausbackteig, schneller 21

Backofen- Hokkaidokürbis 36
Backofen-Tafelspitz 116
Basisrezept Eingelegte Zitronen 18
Basisrezept Fenchelsamenmischung 23
Basisrezept Harissa 22
Basisrezept Mayonnaise 19
Basisrezept Schneller Ausbackteig 21
Basisrezept Smen – Butterschmalz 20
Bohnensuppe, schnelle weiße 48
Bolognese, afrikanisch-vegetarische 102
Brokkoli-Blumenkohl-Salat mit Olivenstreifen 65

Carpaccio Caesar Style 106
Confit aus getrockneten Feigen 44

Dattel-Oliven-Salat mit eingelegten Zitronen 79
Dicke Bohnen, marinierte 101

Entenkeulen mit Schmorquitten, Zitronen- 113
Erbsenrahm mit Safran-Croûtons 61
Erdbeersalsa, gebratener Spargel mit 70

Feine frittierte Kartoffelkuchen 27
Feine Käseröllchen 39
Fenchelbrühe mit rotem Zwiebel-Tatar 56
Fenchelsamenmischung 23
Fischgulasch im Senfschaum, schnelles 87
Flanksteak Chermoula 107

Garnelen mit geröstetem Sesam, Ingwer- 97
Gebratener Spargel mit Erdbeersalsa 70
Gedämpfte Gemüsestifte 100
Gedämpfter Spargel auf Bärlauchrisotto 98
Gegrillte Miniauberginen 32
Gemüse, aromatisch eingelegtes 31
Gemüsesticks mit Zitronen-Ayran, leichte 40
Gemüsestifte, gedämpfte 100
Geschmorte Kohlstreifen im Apfel-Zitronen-Sud 73
Grüner Linsensalat mit Ingwer-Paprika-Salsa 75
Gurken-Dill-Shooter, kalter 54

Hähnchenbrust mit Spargel, pochierte 121
Hähnchenbruststreifen in Curry-Kokosmilch 122
Harissa 22
Hokkaidokürbis, Backofen- 36

Ingwer-Garnelen mit geröstetem Sesam 97

Jakobsmuscheln in Thymian-Karamell 94

Käseröllchen, feine 39
Kalbsbällchen auf Schmorgurken, krosse 120
Kalbsleber auf Schmorzwiebeln 114
Kalte Tomatensuppe 49
Kalter Gurken-Dill-Shooter 54
Karamellisierte Knoblauch-Schalotten 38
Kartoffel trifft Krustentier 28

Kartoffelkuchen, feine frittierte 27
Kartoffelsalat 64
Kichererbsen mit Zwiebeln und Koriander 33
Kleine Lachspralinen auf Zuckerschotenstroh 88
Knoblauchrahmsuppe 53
Knoblauch-Schalotten, karamellisierte 38
Kohlstreifen, geschmorte, im Apfel-Zitronen-Sud 73
Kokos-Crème-Caramel 126
Kokos-Tomaten-Suppe 57
Kräutersalat 35
Krosse Kalbsbällchen auf Schmorgurken 120
Kürbissuppe mit Zimt und frischer Minze 58

Lachspralinen auf Zuckerschotenstroh, kleine 88
Lachstatar mit Minze-Honigmelonen-Würfeln 90
Lammfinger auf Parmesanschaum 119
Lamm-Rosinen-Röllchen 42
Leichte Gemüsesticks mit Zitronen-Ayran 40
Linsensalat mit Ingwer-Paprika-Salsa, grüner 75
Linsensuppe Marrakesch 50

Mandelmilchpudding 132
Mango-Granita 127
Marinierte Dicke Bohnen 101
Marokkanisches Tomatenconfit 26
Mayonnaise 19
Muddis mächtiger Milchreis 136

Ofentomaten mit Zimt 45
Orangen-Fenchel-Salat mit roten Zwiebeln 66
Orangensalat mit Limettengeleewürfel 137

Pochierte Hähnchenbrust mit Spargel 121
Pochierte Safranbirnen 128

Quark-Arganöl- Blechkuchen 131

Red-Snapper-Nuggets mit Arganölpesto 82
Rinderfilet mit karamellisiertem Spargel 108
Rinderfilettranchen mit Ingwer-Knoblauch 111

Safranbirne, pochierte 128
Saftiger Amarettokuchen 134
Saiblingstranchen mit Apfel-Kerbel-Vinaigrette 91
Schnelle weiße Bohnensuppe 48
Schnelles Fischgulasch im Senfschaum 87
Schweinefilet auf Apfel-Zimt-Arganöl-Butter 110
Sesamlachs mit Minzspargel-Carpaccio 93
Smen – Butterschmalz 20
Spargel auf Bärlauchrisotto, gedämpfter 98
Spargel mit Erdbeersalsa, gebratener 70
Spinatsalat mit Granatapfelkernen 72

Tafelspitz, Backofen- 116
Tomatenconfit, marokkanisches 26
Tomaten-Kräuter-Salat mit eingelegter Zitrone 69
Tomatensuppe, kalte 49

Wolfsbarsch mit Selleriepüree 84

Zitronen-Entenkeulen mit Schmorquitten 113
Zitronen, eingelegte 18
Zitronen-Limetten-Salat mit gebratenem Rucola 76

Über dieses Buch

1. Auflage 2013

© 2013 by Südwest Verlag, einem Unternehmen der Verlagsgruppe Random House GmbH, 81637 München.

Die Verwertung der Texte und Bilder, auch auszugsweise, ist ohne Zustimmung des Verlags urheberrechtswidrig und strafbar. Dies gilt auch für Vervielfältigungen, Übersetzungen, Mikroverfilmung und für die Verarbeitung mit elektronischen Systemen.

Hinweis

Die Ratschläge/Informationen in diesem Buch sind von Autor und Verlag sorgfältig erwogen und geprüft. Dennoch kann eine Garantie nicht übernommen werden. Eine Haftung des Autors bzw. des Verlags und seiner Beauftragten für Personen-, Sach- und Vermögensschäden ist ausgeschlossen.

Bezugsquellen:

www.kalaharisalz.de
(Meersalz und Malabarpeffer)

www.hennesfinest.de
(Kampot-Pfeffer, besonders der rote)

www.argandor.de
(original handgepresste Arganöle)

Mit freundlicher Unterstützung von

Bildnachweis

Foodfotografie und Coverfoto Peter Rees
Foodstyling Stefan Wiertz für Gusto Group GmbH
Styling Ines Halfmann für Gusto Group GmbH
Fotos auf den Seiten 2, 6-25, 46/47, 62/63, 80/81, 104/105, 124/125:
Guido Schröder für Gusto Group GmbH
Fotos auf den Seiten 139, 141:
Argand'Or GmbH

Redaktionsleitung Susanne Kirstein
Projektleitung Eva Wagner
Layout, DTP, Gesamtproducing
Grafikdesign Hansen – Jan-Dirk Hansen
Redaktion Anja Fleischhauer
Bildredaktion Sabine Kestler
Filmproduktion Thomas Eberwein - MOLEKULAR-MARKETING & FILM
Text Seite 122-125 Rudolf Bresink
Korrektorat Susanne Langer
Reproduktion Regg Media GmbH, München
Druck und Verarbeitung Mohn media Mohndruck GmbH, Gütersloh

Printed in Germany

Verlagsgruppe Random House FSC® N001967

Das für dieses Buch verwendete FSC®-zertifizierte Papier *Profisilk* wurde produziert von Sappi Alfeld und geliefert durch die IGEPA.

ISBN 978-3-517-08966-9